정 소설

오우~ 연애

죠이선교회는 예수님을 첫째로(Jesus First)
이웃을 둘째로(Others Second)
나 자신을 마지막으로(You Third) 둘 때
참 기쁨(JOY)이 있다는 죠이정신(JOY Spirit)을 토대로
하나님 나라의 확장을 위해 지역교회와 협력, 보완하는
선교단체로서 지상명령을 성취한다는 사명으로 일합니다.

죠이선교회출판부는 그리스도를 대신한 사신으로
문서를 통한 지상명령 성취와 하나님 나라 확장을 위해 노력합니다.

「오우~ 연애」

Copyright ⓒ 2012 by 정신실

이 책의 저작권은 저자와 독점 계약한 죠이선교회에 있습니다.
신 저작권법에 의하여 한국 내에서 보호 받는 저작물이므로 무단 전재와 무단 복제를 금합니다.

오우~ 연애

정신실 지음

contents
차례

편지를 시작하며 7

1. 연애 언제 시작할까? 11
2. 필(feel)이 팍 왔어! 어쩔 거냐고? 17
3. 뱀처럼 지혜롭고 비둘기처럼 순결한 작업 23
4. 저자세 고자세도 아닌 정자세로 거절당하기 30
5. 너 외로움이지? 맞지? 36
6. 비신자와 결혼 말고요, 데이트도 안돼요? 43
7. 사모가 되겠어요. 아니, 사모만은 싫어요 50
8. 뭐 하는 남자야? 돈은 좀 번대? 57
9. 따스한 따스한 가정 희망 주신 것 감사 64
10. 아, 로맨틱하고 디피컬트한 우리들의 성 이야기 71

11. 키스하는 놈, 더 하는 놈, 참는 놈 79
12. 문자 씹는 남친, 집착 말고 사랑하기 85
13. 매력녀 되기, 왕도가 있다? 없다? 92
14. 싸우라! 동물농장과 쥐라기 공원이 오기 전 98
15. 연애냐 진로냐? 결혼이냐 일이냐? 106
16. 연애당 양다리들에게 고함 112
17. 돌연한 헤어짐, 하나님 앞에서 울다 119
18. 스킨십의 추억 '죄'와 '죄책감' 사이 127
19. '결혼 적령기 기차' 나를 지나치고 있어요 134
20. No를 No로, Yes를 Yes로 받는 아름다움 141
21. 커플끼리 신앙 공동체 되기, 왜 못해? 왜 안 해? 148
22. 선배 언니 가라사대, "나를 따르라! 세속의 결혼으로!" 154
23. 시작하는 부부에게 162

편지를
시작하며

"누구를 좋아하게 됐어요. 지금 대시를 하는 게 좋을까요? 기다릴까요?"
"남자친구가 요구하는 스킨십 수위가 감당이 되지 않아 고민이에요."
"누군가 제게 이렇게 저렇게 하고 있어요. 이건 작업일까요? 아닐까요?"
"남자친구가 문자를 계속 씹어요. 마음이 떠난 걸까요? 제가 먼저 정리해야 할까요?"
"왜 저에게 다가오는 남자는 없는 걸까요? 매력이 없는 건가요?"
"만나면 편하긴 한데 단지 편하단 이유로 결혼해야 하는 건지, 기다리다 보면 가슴 설레는 어떤 사람을 만나게 되는 건 아닐까요?"

제가 아는 모든 청년들의 뇌구조에는 저마다 답을 알 수 없는 질문과 관심이 담긴 연애 영역이 크게 자리하고 있는 것 같습니다. 스펙 좋은 엄친아든, 교회 생활에 목숨 건 새벽이슬파 청년이든, 고뇌에 찬 청년 철학가든, 적당히 오늘을 즐기자는 홍대 클럽파든 예외가 없습니다. 저에게 고민을 토로했던 청년들은 한결같이 '연애' 문제에 관해서 신앙적인 선택을, 아니 최소한 선한 선택이라도 하고 싶어 했습니다. 당연합니다. 더 선한, 더 신앙적인 선택을 하겠다는 마음이 없으면 고민도 없겠지요.

돌이켜보면 저 역시 연애 문제에 관한 좋은 답을 찾고 싶은 마음이 간절했던 '구도자'였습니다. 그러나 펼쳐 든 하늘 아버지의 말씀인 '성경'에선 도통 그 실마리조차 찾기 어려웠습니다. 수 천 쪽에 달하는 방대한 하나님 말씀 속에 제 질문에 맞아 떨어지는 모범 답안 하나가 없다니요. 이 지점에서 저는 성경이 수많은 사람들의 이.야.기.라는 것에 주목했습니다. 창조주가 주신 '인생 사용설명서'인 성경에 우리가 부딪히는 문제들에 대해 명료한 답을 적어 주지 않으시고, 생뚱맞게도 그 많은 사람의 길고 긴 이야기들을 주신 하늘 아버지의 뜻을 헤아려 본 것이지요. 수많은 사람들이 수없이 맞닥뜨린 기로에서 뭔가를 선택하고, 그 선택으로 인해서 또 다른 이야기가 펼쳐지고 있었습니다. 자꾸자꾸 읽다 보면 필연적으로 자신을 빗대어 보게 됩니다. '나라면 어땠을까?' 이 질문에 이르러 저는 수많은 이야기에 담긴 그분의 배려와 사랑을 조금 알게 되었습니다. 그리고 이야기에 제 고민과 갈등을 포개며 하루하루의 산을 넘다 뒤돌아보니 어느새 저만의 '연애와 결혼 이야기'가 쓰여 있었습니다.

이 책은 '이야기'를 빙자한 연애 훈수두기입니다. 성경적인 데이트와 결혼을 꿈꾸는 은혜 자매의 연애 이야기이지요. 이 책을 읽는 여러분은 은혜의 첫사랑부터 결혼에 이르는 과정을 함께 훔쳐보게 되

는 것입니다. 사실 은혜의 이야기는 바로 저 자신의 이야기이고, 제가 그간 만나온 많은 청년들의 이야기입니다. 남의 연애사를 처음부터 끝까지 지켜보면서 때로 공감하고 때로 의문을 품으며 여러분만의 연애사를 써 내려갔으면 하는 바람입니다. 그러다 보면 여러분만의 답안도 찾을 것입니다. 조금 먼저 살았다거나, 스스로 만족하는 결혼에 골인했다고 해서 제가 찾은 답이 여러분에게 모범답안이 되리라 생각하지는 않습니다. 다만, 자신의 외롭고 허접한 연애일상에서 이야기 라인을 읽어내는 눈을 가지는 것은 매우 중요합니다. 그 눈은 소망의 눈이고 믿음의 눈입니다.

선을 넘은 것 같은 스킨십의 죄책감으로 가슴 콩닥거리는 밤, '이 사람에게 대시를 해, 말아?' 하면서 잠 못 드는 밤, 맘에 두고 있던 그에게 여자가 생겼다는 말에 무너지는 밤…… 이런 밤들이 무척 거치적거리겠지만 이 역시 하나님과 여러분이 쓰는 연애 이야기의 한 페이지임을 믿었으면 하는 바람입니다. 이 책을 읽는 여러분이 싱글이든지 아니든지, 목하(目下) 열애 중이든지, 거절했든지 당했든지, 바로 지금 이 순간은 그 이야기의 기승전결 중 어느 지점일 것입니다. 각자의 처지에 맞는 일용할 연애에 대한 도움을 구하면서 자유와 기쁨의 선물상자를 쥐고 계신 그분께 눈을 맞추게 되면 더할 나위 없이 좋겠습니다. 일용할 연애의 기쁨을 구하다가 기쁨의 근원이 되시는 그분을 찾는 시나리오. 이것이 이 책의 저의(底意)입니다.

어쩌면 개인의 일기장과 블로그에서 끝났을 이야기를 세상 밖으로 나올 수 있도록 격려해주신 Young2080(청년목회자연합)의 서재석 대표님과 매달 '목적이 이끄는 연애'에 지면을 내주신 월간 〈QTzine〉에 감사드립니다. 서 말의 이야기 구슬을 한 줄로 꿰게 해주신 죠이선교회출판부에도 같은 인사를 드려야겠습니다. 무수한 이야기를 나누며 울고 웃었던 한영교회 TNT공동체의 청년들, 매달 이메일로 마음을 보여줬던 독자들께서 이 이야기의 반을 채워주셨습니다. 고맙고 또 고맙습니다. 그리고 이제 진실을 밝힐 때가 됐습니다. 사실 이 책에는 공저가 있습니다. 제 연애와 인생 이야기에서 남우주연상에 빛나는 저의 J입니다. 매 주제마다 남편 J님의 까칠한 딴지가 그대로 글의 뼈대가 되었습니다. 그를 통해 받은 일용할 연애의 기쁨과 슬픔, 일용할 결혼의 은혜, 일용할 영의 양식은 제 인생 최고의 선물입니다. 고맙습니다. 사랑합니다.

오우-
연애

연애
언제 시작할까?

4년 만에 생각지도 않은 은혜라는 제자에게 메일 한 통을 받았습니다. 이야기는 여기서부터 시작합니다.

은혜야!

메일함에서 너의 이름을 보는 순간 '내가 아는 그 은혜가 맞나?' 하며 눈을 의심했단다. 반갑고 놀라웠다. 더 반가운 것은 메일에 담긴 너의 근황이구나. 주일학교 성가대에서 초롱초롱한 눈으로 찬양하던 초등학교 4학년 때의 모습이 아직 눈에 선한데, 어느새 대학졸업을 앞둔 숙녀가 되었다니 말이다. 게다가 어느 녀석이 은혜에게 남자로 보이기 시작했다니 반갑고 신기할 뿐이다. 남친을 선택하는 이 중요한 시점에 선생님을 떠올리며 함께 의논하고 싶다니 이 얼마나 영광된 일이냐? 선생님이 예전 너희를 가르칠 때부터 연애 전문가이긴 하다만……. 흠흠…….

아무튼 고맙다. 연애하다가 갈등으로 심각한 위기를 겪으면서 상담을 요청하거나 교제를 막 시작하면서 알려오는 후배들은 만나봤지만, 은혜처럼 시작도 하기 전에 자진신고 하는 신중한 경우는 처음인데.^^ 참 대견스럽다. 노땅 같은 소리인지 몰라도 요즘 '너무 쉽게 사귀고, 너무 쉽게 양다리 걸치고, 너무 쉽게 헤어지는 건 아닐까?' 하는 생각을 했단다. 뭐 예전 우리 세대랑은 분명히 다르다는 것을 인정하면서도 내심 '조금 더 신중하게 연애 문제에 접근하면 어떨까?' 하는 생각을 했었거든. '요즘 사람 같지 않다'는 말이 칭찬으로 들릴지 그 반대일지 모르겠지만, 요즘 사람 같지 않은 은혜의 신중함에 먼저 박수를 보낸다.

은혜가 물어온 얘기에 답하기 전에 선생님이 하나 더 칭찬하고 싶은 게 있다. 네가 대학 들어가던 해였던가? 너희 동기들과 함께 만났을 때 네가 했던 얘기를 기억하고 있단다. "선생님이 예전에 저희한테 그러셨잖아요. 남자친구는 늦게 사귈수록 좋다고. 스물다섯이었던가? 그 이후에 사귀라고. 제가 잘못 들었던 건 아닐까 하는 생각도 했지만, 가급적 지켜보려고 애를 썼어요. 어릴 적에 들었던 말인데, 그 말씀이 안 잊히는 거 있죠?"라고 했었지. 어쩜 그 말을 기억하고 또 그걸 지키려고 애를 썼단 말이냐!^^

연애를 시작하기 전에 해야 할 고민들

스물다섯 맞다. 다만 문자적인 스물다섯은 아니라는 거 잘 알지?

내 생각에 고등학교를 졸업하고, 대학 생활을 하든 그렇지 않든 이십 대 초반의 몇 년은 매우 중요한 시절인 것 같아. 인생의 어느 시기가 중요하지 않겠느냐마는, 길진 않지만 내 인생을 돌아보면 그렇더구나. 고등학교 때까지는 학교공부로 인해 한쪽으로 제쳐놓았던 진정한 공부와 고민이 비로소 제대로 시작되는 시기라고 봐. '내가 누구인지, 내 소명은 무엇인지, 그 소명에 따라서 어떤 직업을 선택해야 할 것인지' 등의 질문에 대한 답을 찾아야 하는 때니까 말이다. 물론 연애도 포기하고 젊음의 다양한 즐거움도 포기하고 오직 진지하게 그 답만을 찾아 인상 팍 쓰고 다니라는 얘기는 아니다.

앞에 말한 세 가지 질문의 답을 찾아가는 건 결국 자기를 찾아가는 것이고, 자기를 찾아가는 것은 그리스도 예수 안에서 '나는 누구인가?'로 귀착될 것 같아. 이 질문에 대한 답과 연애를 시작하는 것 사이에 무슨 상관관계가 있느냐고 묻는다면……. 물론 있지! 있고말고! 일단 이런 고민이 진행 중인 사람, 어느 정도 완료형인 사람에게서는 느껴지는 향기가 있다는 것 아니? 너 또래 정도라면 대부분 진행 중이겠지만 말이다. 자신이 그리스도 안에서 누구인지 말할 수 있는 사람은 남녀 할 것 없이 사람을 끄는 매력이 있단다. 싱글의 외로움을 견디지 못하는 청년들이 '이성의 눈에 비친 내가 어떨까?'의 잣대로만 자신을 바라보며, 그 거울 앞에서 서성거리며 떠나지 못하는 모습을 볼 때가 있단다. 그런 청년들의 눈은 빛나지. 애인을 찾아 헤매는 우는 사자의 눈빛과 같다고나 할까?^^ 그러나

말씀의 거울에 또는 진정한 내면의 거울에 자신을 비추지 않는 사람은 매력 있는 사람이 되기 어렵다는 것이 내 지론이다. 은혜는 머리가 좋으니까 무슨 말인지 알겠지? 다른 사람에게 매력 있는 사람으로 발견되는 것이 로맨스의 시작이 아니겠니? 그러니 청년 시절의 진지한 고민들은 정말 멋진 연애로 가는 지름길이 된다는 거! 비약이 좀 심했나?

커플들의 갈등 패턴

비록 진지한 고민 없이 연애를 시작했다 하더라도 달콤한 로맨스에 녹아 묻어갈 수는 없는 것 같아. 언젠가는 자기정체성에 대한 고민에 봉착하게 되고, 내가 본 형제들 대부분은 이 문제를 맞이해서 고민하기 시작하면 결국 연애는 부차적인 문제가 되더구나. 형제들이 인생에 대해서 느끼는 중압감은 사회문화적인 토양 때문에 자매들과는 좀 다른 것 같아. 진로나 자기정체성에 대한 고민 때문에 갑자기 잘 사귀던 여자 친구에게 전과 같지 않게 대하고, 자매들은 이런 상황을 쉽게 받아들이기 어렵고, 싸우고, 헤어지고……. 내가 본 적잖은 커플들이 넘어가든, 또는 넘다가 포기하든 이런 갈등의 패턴을 겪더구나.

이렇게 실질적으로 더욱 평탄한 연애를 하기 위해서도 자기정체성에 대한 생각이 분명해진 이후가 좋겠다 싶고, 그러기 위해서는 적어도 이십 대 중반은 되어야 하지 않겠나 하는 생각이었어. 우리 은혜는 기본적으로 외모도 되고 성격도 되고 균형 잡힌 신앙까지 겸비한 아가씨라 주변에서 적지 않은 작업이 쇄도했을 텐데 도도하게(?) 자신을 지키느라 애썼다.

좀 지루한 한 편의 설교였지?^^;;; 은혜가 남달리 어른들의 말에 귀를 잘 기울이는 사람이다 보니 선생님이 의기충천해서 말이 많아졌다. 정작 은혜가 물어온 질문에는 한마디도 하질 못했네. 'K라는 선배가 마음에 들어왔는데, 그 사람이 하나님이 주신 사람인지 과연 알 수 있는가?' 이것이 네 메일의 요지였지? 그리고 이럴 때 과연 은혜가 먼저 다가가야 하는지 말아야 하는지가 고민이라는 얘기지? 이야~ 이런 얘길 나누려고 하니까 나도 살짝 마음이 설레는데? 그 초롱초롱한 눈이 K가 나타날 때마다 더 빛날 것을 생각하니 옆에 있으면 마구 놀리고 싶은 장난기도 슬슬 발동하네.^^

그렇다면……. 이번 은혜의 질문에 대한 답은 다음 메일로 넘겨야겠다. 궁금하지? 생각을 정리하게 시간을 좀 다오. 조만간 다시 메일 날릴 테니 그때까지 핑크빛 설렘을 감사하고 즐기며 지내렴. 은혜를 아름답게 자라게 하신 하나님을 찬양하며, 네 앞에 펼쳐질 보석 같은 만남을 위해 기도하며 글을 마친다. 안녕!

필(feel)이 팍 왔어!
어쩔 거냐고?

은혜야!

오늘 직장 동료와 대화하는 가운데 은혜에 관한 얘기를 하게 됐단다. 어릴 적 주일학교에서 가르치던 제자와 메일을 주고받고 있다는 얘기를 했지. 그러면서 네가 지난번에 물었던 '누군가 마음에 들어왔는데 이 사람이 하나님이 허락한 사람일까?'를 고민하고 있다고 했어. 직장 동료가 정말 정색을 하고 놀라더구나. 요즘에도 그런 아가씨가 있느냐고 말이야. 그건 우리 세대나 하던 고민 아니었냐고 말이다. 요즘에야 쉽게 사귀고, 만나다가 아니면 헤어지고 하는 게 보편적인 연애방식이 아니냐고 말이다. 그래서 선생님이 웃으며 자랑삼아 말했지. "아무나 그렇게 못 해요. 혹시 목적이 이끄는 연애라고 들어는 보셨는가요? 제 제자는 목적이 이끄는 연애를 하고 싶다는 것이지요. 후후후……." 우연히 튀어나온 말인데……. '목적이 이끄는 연애!' 참 멋진 말 아니니? 자~ 이제 은혜의 목적이 이끄는 연애를 위해서 이야기를 한번 해 볼까?

필(feel), 관계를 시작하는 첫 단추

지난번 미뤄둔 질문에 관한 얘기를 시작해 보자. 어느 날 찬양을 인도하는 K군이 은혜 눈에 클로즈업되어 들어왔고, 서서히 마음에 차오르는 설렘이 통제 불가능의 수준이 됐다는 얘기지? 사람에 대해서 끌리는 이 감정으로 '내 사람이다. 하나님이 주신 사람이다'라고 확신하며 행동을 해도 되는지, 이럴 때 어떻게 해야 할지를 모르겠다는 것이지?

은혜의 마음을 압도해 버린 그 설렘이 참 행복하면서도 한편으론 고통스럽기도 할 거라는 생각이 드는구나. 빨리 어떤 행동을 해서 서로의 마음을 확인하고 싶기도 하고, 어설프게 들이댔다가 거절당하면 어떡하나 하는 두려움도 있을 것이고 말이다. 사실 오래전 내가 겪었던 감정이기도 한 탓에 별로 낯설지가 않구나. 이 메일을 쓰기 전에 한창 그 고민을 할 때 적었던 10년이 훨씬 넘은 일기를 꺼내서 읽었단다. 그때의 내 감정과 지금 은혜 감정의 모양새가 뭐 거의 다르지 않을 것 같고, 지금은 남편이 된 그 시절 선생님의 J군이 했던 말의 기억이 새롭게 떠오르더구나. 어느 날 갑자기 '마법의 보자기'를 쓴 것 같다고 말이다.^^

기본적으로 어느 날 갑자기 내게 주어진 생각이나 감정은 하나님의 인도를 받는 첫 단추가 될 수 있다고 생각해. 특히 어느 이성에

게 느껴지는 남다른 느낌은 그 자체로도 선물일 뿐 아니라, 특히 '나의 사람'이 될 가능성이 아주 크다는 신호가 되겠지. 은혜가 표현한 대로 하자면 '하나님이 주신 사람'일 가능성이 크다는 것이지. 흔히 말하는 '필'이 느껴지는 사람을 만나는 건 이성교제에서 그리고 결혼에서 기본적으로 가장 중요한 일이 아니겠니? 또 나는 대부분의 사람이 궁극적으로 자기 수준만큼의 사람을 선택하게 된다고 믿어. 은혜의 신앙적, 인격적 수준을 선생님이 아니까 은혜의 마음에 들어온 K군은 좋은 형제일 거라는 믿음이 생기는구나.

필을 다루는 지혜

필은 중요하다. 그러나 조금만 생각해 봐도 우리의 감정은 이미 여러 번 신뢰를 잃을 만한 실수를 많이 했지. 무슨 말인가 하면 '감정에 충실하기'는 좀 더 신중하게 접근해야 할 일이라고 봐. 그러니까 어떤 사람에게 필이 느껴진다고 해서 그때마다 곧바로 행동에 옮기는 건 생각해 볼 일이라는 것이지. 단순하게 말해서 오늘은 죽을 것 같이 좋은데 바로 내일 그 감정이 눈 녹듯 사라질 수도 있는 것이 우리의 감정 아니니? 감정의 파도가 크게 일렁일수록 '더욱 냉철하게 생각하기 기능'을 열심히 가동시켜야 한다는 것이야. 그러니까 은혜가 '감정을 솔직하게 고백하고, 그쪽에서도 같은 마음이 아니라면 빨리 마음을 정리하고 싶다'는 데에는 일단 거부권을 행사

하고 싶네.

그렇다고 그냥 좋아하는 마음을 가만히 품고만 있으라는 얘기는 아니고, 지금 한 가지 제안을 하고 싶다. 이건 사실 선생님이 썼던 방법이기도 한데 돌아보면 많은 유익이 되었어. 그 형제에 대해서 좀 더 이성적으로 관찰해 보는 거야. 그걸 또 적어 보는 거지. 네가 K의 어떤 점에 끌리고 있는지, 그에게는 어떤 장점들이 있는지, 또 어떤 연약한 점이 있는지를 잘 살펴보라는 거야. 이런 시간을 갖는 건 나중에 두 사람이 본격적으로 교제하게 될 때 아주 많은 유익을 누리게 할 거야. 혹 좋은 교제로 이어지지 않는다 하더라도 은혜에게 '이성을 보는 좋은 눈'을 갖게 하는 훈련이 될 수도 있고 말이다. 물론 이 시간은 기도하며 관찰하는 시간이 되겠지.

'늑대가 된 조장'이라고 들어봤니? 맘에 드는 자매를 성경공부 자기 조에다 데려다 놓고 공을 들여 자기 여자를 만들었다는 전설의 조장 말이야.^^ 같은 공동체에 있으면서 자연스럽게 시간을 같이 보낼 수 있으면 좋을 것 같아. 그러는 중에 자연스레 자신의 매력을 상대방에게 보여줄 수도 있고 말이다. 혹시 선택할 수 있다면 성경공부의 같은 조가 되거나 같은 부서에서 봉사를 함께하는 방법도 좋을 것 같아. 필이 쌍방에서 꽂히는 것이 순리대로 가는 방법일 테니까 급하게 마음먹지 말고 K에게도 마법의 보자기가 씌워질 시간을 좀 주면 좋겠어. 언제까지나 이러고 있자는 건 아니고 말이다. 일단

은 조금 천천히 행동하는 것이 연애뿐 아니라 모든 일에서 하나님을 앞서가지 않는 것이라고 여겨.

목적이 이끄는 연애

이 메일을 쓰면서도 내 마음에 의구심이 드는구나. 이런 구닥다리 같은 조언이 은혜에게 도움이 될까? 너 또래들의 미니홈피나 블로그를 보다 보면 너희가 생각하는 이성교제는 그렇게 무겁고 심각한 일이 아니라는 생각이 들어. 반면 교제를 시작했을 때는 표현이나 쏟는 열정이 웬만한 신혼부부를 무색케 하는 것 같기도 하고 말이다. 삶의 많은 부분에서 자신이 지음 받고 존재하는 목적을 고민하는 청년들이, 이성교제만큼은 '가볍게 마음 가는 대로! 지금의 감정에만 충실하기!'를 목적으로 하는 것처럼 보여서 아쉬울 때가 있어.

서두에 쓴 '목적이 이끄는 연애'라는 말을 생각해 봤으면 좋겠다. 되는 대로, 필이 꽂히는 대로가 아니라 목적을 가지고 자신의 '필'을 다룰 줄 아는 지혜가 필요한 것 같아. 지금의 소중한 감정들을 귀하게 여기면서 더불어 귀한 감정이 귀한 만남이 되도록 서두르지 말고 가 보자. 조금씩 분명하게 드러나게 될 거야.

이 메일을 읽고 난 너의 소감이 많이 궁금하구나. 은혜 덕분에 선생님이 연애를 다시 막 시작하는 기분이다. 답신 기다릴게. 그럼 안녕!

오우—
연애

뱀처럼 지혜롭고
비둘기처럼 순결한 작업

요런 깜찍한 것!^^

깜찍하고 아름답도다. 차비 영수증을 내민 우리 은혜의 손이여!

참 재밌고 설레게 하는 일이었구나. 그러니까 우연히 네가 자동차를 가지고 간 날 K군을 태워줄 기회가 생겼다는 거지? 우연한 기회에 호의를 베푼 것도 좋고, 그 호의에 CD 하나를 사서 내밀었다는 K군의 행동도 흥미롭구나. 여기까지는 그저 흥미로운 정도인데, 그다음 너의 행동. 기타 피크 몇 개를 사서 예쁜 카드와 함께 '차비 영수증' 명목으로 내밀었다는 대목에서 선생님은 무릎을 쳤다. '이거……. 우리 은혜 선수 아냐?ㅎㅎ' 잘했어. 예쁜 행동을 해놓고 뭐가 그리 부끄럽다고 어쩔 줄 몰라 하니. 너 그거 아니? 사랑하는 사람이 생기면 사귀고 싶고, 사귀다 보면 결혼하고 싶어지는데, 그 과정 중 가장 행복한 순간은 사람을 발견하고 서로 사랑을 확인하기까지 기다리는 시간이라는 것. 그래서 은혜가 지금 가장 행복한 지점에 서 있다는 거.^^

친절과 호의는 진심어린 마음으로

 지난번 편지에서 말했던 것처럼 필이 꽉 꽂힌 사람이 있다면 주의 깊게 기도하며 관찰하는 것이 중요해. 하지만 마냥 그러고만 있어서도 안 되지. 그러면 어떻게 할까? 네가 그랬지. 예전에는 외롭다는 생각을 덜 했는데 한 사람이 마음에 들어오고 자꾸만 그 사람을 생각하다 보니 '외로움'의 느낌이 더 분명해졌다고. 그럴 거야. 혼자 있는 시간에도 마음은 늘 그 사람과 함께하니 말이다. 그런 마음은 표현해야 할 것 같아. "난 네가 좋아졌거든? 너는 나를 어떻게 생각해? 사귈래, 말래?" 그래서 아니면 손 탁탁 터는 쿨(cool)한 방법도 나쁘지 않겠지만, 천천히 자연스럽게 호의를 표현해가는 건 어떨까? 다행히 같은 공동체에 있고, 이번 경우처럼 우연한 기회들이 생기기도 하니 말이다. 가볍게 생일을 챙겨주거나 내놓았던 기도제목을 세심하게 기억해서 응답 여부를 물어봐주는 것 등 호의를 표현할 수 있는 방법은 많을 거야. 이건 은혜가 평소에 잘하는 종목 아니니?

 사실 그렇게 따지면 따뜻하고 세심하게 돌보며 마음을 써주는 것을 K에게만 할 일은 아니지. 할 수 있다면 공동체 안의 모든 사람에게 하면 좋겠지. 바로 그거란다. 마음을 담은 호의를 베푸는 것이 몸에 배고 자연스럽게 흘러나올 때 그건 누구에게라도 매력으로 작용할 것 같아. 앞에서 우스갯소리로 '선수'라는 표현을 썼지만, 선수

는 그야말로 작업을 위한 미끼로 호의와 친절을 기가 막히게 적재적소에 베푸는 사람이니 우리가 선수가 되어서야 하겠니? 비록 지금 은혜에게는 한 사람의 마음을 얻고 확인하는 것이 가장 중요한 현안이기는 하다만 친절과 호의, 즉 예수님이 잘 배워서 닮으라고 하신 덕목들을 수단으로만 써서는 안 될 일이지. 많은 사람의 필요를 채워주고, 기도해주고, 마음을 쓰되, 그 맥락에서 K에게도 네 마음을 담았으면 한다. 그렇게 하면 은혜가 오직 K에게만 집중하고 K만을 목적으로 삼지 않는 본연의 형제자매 섬기는 마음을 잃지 않을 수 있을 거야.

친절이 로맨스가 되기까지 지혜롭게 행동하기

이 대목에서 예전에 선생님이 지금의 남편과 교제하기 전에 있었던 일이 하나 떠오르는구나.^^ 너희가 주일학교 다닐 적에 우리 부부가 청년부에서 만난 거 알지? 비슷한 시기에 서로에게 관심을 두게 됐어. 누가 먼저 작업을 걸었느냐에 대해서는 아직 서로 합의를 보지 못했단다. 서로 "나는 아니다. 내가 걸려든 거다." 이렇게 주장하고 있지.ㅋㅋ 그런데 살짝 찔리는 이야기가 하나 있단다.

당시 우리 교회로 옮겨온 지 얼마 되지 않은 남편이 자꾸만 눈에 들어오더구나. 일단은 나이가 나보다 어렸기 때문에 마음이 설레는

것만으로도 '어머, 내가 주책이야'라는 생각에 스스로 민망하던 차였어. 그즈음 남편 생일이 다가왔어. 괜한 짓이 아닐까 하는 생각을 하면서도 이미 후배들의 생일을 챙겨주곤 했으니까 괜찮겠다 싶어 생일선물과 함께 카드를 건네줬어. 수요예배를 마치고는 슬쩍 가서 선물 꾸러미를 내밀고 빨리 돌아섰던 기억이 난다. 나중에 남편이 말하기를 그때 수줍게 선물을 내밀고 돌아서던 내 모습에서 선배 누나보다 살짝 '여성'이라는 느낌이 느껴졌다는 거야.^^;;;

사실 나도 당시 남편이 여러 청년에게 하듯 나한테 안부전화를 하거나 녹음한 음악 테이프를 건네줬던 일 등에 특별한 의미를 부여하면서 끌리는 마음이 커졌던 것 같아. 이런 경우가 참 애매한 '호의와 작업 사이의 경계'에 있는 거지. 그 일을 얘기하면서 남편과 나는 가끔 이런 농담을 한단다. "친절이 잉태한즉 오해를 낳고 오해가 장성한즉 로맨스를 낳는다."^^ 그런데 청년부 안에서는 모두가 이성에 대해서 민감한 상태이고, 이성교제는 모두의 관심사라는 것을 잊으면 안 될 것 같아. 순수하게 베푼 호의가 작업으로 오해를 받는 난감한 때도 있고 또 그로 인해서 상처를 받는 사람도 있을 수 있으니 지혜롭게 행할 일이지.

섣부른 판단은 금물

선생님이 얘기하고 싶은 건 자연스러운 방식으로 K군에게 좋은 감정을 표현할 기회를 가졌으면 한다는 거야. 수위를 좀 조절해가면서 말이다. 거절당하는 것을 지레짐작하고 두려워할 필요는 없지만, K군과 잘되지 않을 수 있다는 생각도 같이했으면 좋겠다. 물론 그러지 않길 바라지만 말이다.

"제 호의를 받으며 이미 제 마음을 알아채지 않았을까요? 그런데도 계속 제 호의를 기쁘게 받아들인다는 건 그쪽도 이미 제게 마음이 있다는 것 아닐까요?"라고 물었지? 조금 냉정한 말이 될 수 있겠다만 아닐 수도 있어. 지금으로서는 은혜에게 가장 유리하게, 가장 긍정적으로 해석하고 싶을 거야. 그렇지만 아직은 '아닐 수도 있다'는 생각도 하는 게 좋을 것 같아. 쉬운 일은 아니겠지만 그런 의미에서 마음을 표현하는 수준도 조절하고 말이다.

매번 생각하는 것이지만 선생님이 너무 어렵고 복잡한 지침을 제공하는 것 같구나. 어렵지?^^ 하지만 선생님은 믿는다. 은혜가 K에 대한 마음을 지혜롭고 아름답게 표현할 뿐 아니라 거기에 갇혀서 더 큰 사랑과 섬김을 볼모로 삼지 않을 거라고 말이야. 은밀하게 표현해도 좋을 호의를 여러 사람에게 드러내는 게 요즘 너희 세대의 경향인 것 같긴 하다만, 위험한 장난이 될 수 있을 거야. 센스쟁이 은혜가 이 설렘의 감정을 뱀처럼 지혜롭게, 비둘기처럼 순결하게 표현해서 멋진 데이트와 가장 행복한 결혼으로 가는 디딤돌로 만들 것을 믿는다.

너의 다음 보고를 기다리며 연애학교 교장 선생님의 훈화는 이만 줄인다.^^

저자세 고자세도 아닌
정자세로 거절당하기

자책하지 않기

왜 그리 소식이 뜸한가 했다. 많이 힘들겠구나. 네 메일을 읽고 나니 선생님도 네 표현대로 '몸에서 힘이 쪼옥 빠져나가는 듯'하구나. 그리고 지금 많이 힘들어 할 은혜를 생각하니 당장 가서 손이라도 따듯하게 잡아주고 싶은 마음이다. 서둘러 하고 싶은 말이 있다. K군에게 네 마음을 알리는 과정에서 나와 상의하지 않은 것에 대해서 괘념치 않았으면 좋겠구나. 그 일에 대해서 계속 나와 얘기해왔다고 해서 모든 결정을 내 조언을 통해서만 해야 하는 건 아니잖니? 그건 앞으로도 마찬가지라고 생각해. 결과야 어찌됐든 은혜 스스로 기도하며 결정하고 행동한 일에 대해서 행여 선생님에게 미안한 마음 갖지 않았으면 좋겠다.

더군다나 선생님과 의논하지 않고 혼자 서둘러 행동했기 때문에 이런 결과가 나왔다는 생각은 거두기 바란다. 은혜가 작정기도를 하

며 결정한 일이고, 또 우연히 둘이 함께 얘기 나눌 시간이 있어 자연스럽게 말할 수 있는 분위기가 되었다면 네 마음을 얘기한 건 잘한 일이다. 결국 K로부터 온 분명한 거절의 메시지가 힘든 일이긴 하지만 일단 네 행동에 대해서 자책하는 일은 없었으면 좋겠어.

나도 일차적으로 드는 생각은 그동안 K가 보여준 은혜에 대한 호의가 무슨 의미였는지 하는 의아함이다. 지난 번 메일에서 느껴지는 느낌은 'K 역시 은혜에 대해서 남다른 호기심을 가지고 지켜보고 있구나'라는 것이었거든. 그런 생각을 하면 단지 네 마음이 받아들여지지 않았다는 것보다 K에 대한 일종의 배신감이 너를 더욱 힘들게 할 것 같구나. 배신감이 미움으로 변해버릴 것에 대한 두려움도 이해가 간다.

무엇보다 기도하면서 K를 선택하고, 지켜보고, 행동했는데 결국 거절당해 하나님을 원망하는 마음이 생긴다는 솔직한 심정이 선생님의 마음을 울린다. 힘든 시간이지만 이 시간을 통해서 은혜의 이성교제와 멀리는 배우자를 만나는 과정에 더 크고 좋은 선물을 주시도록 기도한다. 공허한 위로의 말로 끝나지 않도록 선생님이 마음을 담아 기도할게.

왜곡하지 않고 있는 그대로 받아들이기

그런데 은혜야! K에 대한 생각을 조금 환기시켜 주고 싶은 마음이 드는구나. K가 그동안 보여준 행동이 작업 내지는 작업에 대한 반응으로 해석됐던 것은 분명한 것 같다. '해석'이라는 말에 주의를 기울였으면 해. "저를 마음에 두지 않았다면 제게 음악 CD를 선물한다든지 하는 행동은 하지 말았어야 하는 것 아닌가요?" 했는데 말이다. 그간의 메일에서 잠깐 내비친 적이 있었지만 '긍정적 해석'은 은혜의 선택이었던 것 같아. 그런 의미에서 K의 그간 행동에 대해서 너무 나쁘게만 생각하지 않는 게 좋겠다 싶어. 음……. K를 맘껏 비난하고 나면 지금 당장 마음이 편해질 수 있을지 모르겠지만 근본적인 해결책은 아닌 것 같구나.

이건 내 노파심일 수 있지만 혹시 은혜가 단지 'K의 행동이 오해를 유발했기 때문에 용기를 내서 고백할 수 있었다. 오해를 유발한 K의 행동이 잘못이다. K는 내가 좋아할 만한 사람이 아니었다'는 식으로 생각하면서 감정을 정리하고 싶은 건 아닐까 싶거든. 솔직하게 말하면 오히려 선생님은 K가 분명하게 'No'라는 표현을 해준 것을 볼 때 역시 은혜가 사람 보는 눈은 있었구나 싶어서 안도감이 들었단다. 정말 너와 같은 마음이 아니라면 어설피 교제를 시작하거나, 애매하게 답을 둘러대는 것보다 분명하게 표현해주는 것이 현명하다고 생각해. 일방적으로 K를 비난하지 않는 것이 궁극적으로 은혜 자신에게 도움이 될 거라 믿는다.

자존감 무너뜨리지 않기

평소 은혜를 좋아하는 형제들이 많았고, 네가 이렇게 먼저 마음을 표현한 것이 처음이라서 한층 더 힘들 수 있을 거야. 자존심도 많이 상할 거고. 그렇지만 알지? 어떤 한 사람에게 거절당했다고 해서 은혜의 자존감이 마구 무너져서는 안 된다는 것 말이다. 네가 별로 매력이 없는 여자인 것 같다든지, 앞으로도 네가 좋아하는 사람은 너를 좋아하지 않을 것 같다든지 하는 말들은 선생님의 마음을 너무 아프게 해. 그렇지 않다는 것을 잘 알고 있지?

며칠 전 "물가로 나오라"라는 오래된 찬양의 영어 가사를 읽었단다. "Come to the water. Stand by my side. I knew you are thirsty. You won't be denied. I felt every tear drop when in darkness you cried." 그런데 순간 우리 말 가사에서는 못 봤던 한 문장이 눈에 띄었어. "You won't be denied!" 어떤 순간에도 결코 거절이라는 카드를 내밀지 않으시는 하나님 안에서의 은혜 자신을 생각해 보면 좋겠구나.

마음 회복하기

은혜야!

마음 아파하는 은혜를 더 아프게 하는 말들이라는 생각에 보내기 망설여지는 메일이구나. 그런데 어떤 일을 '긍정적'으로 보는 것보다 더 중요한 일은 '있는 그대로 보는 일'이라는 생각이 들어. 되도록 은혜가 있는 그대로의 사실을 잘 볼 수 있었으면 좋겠다. 그리고 할 수 있다면 K를 비난하거나 너 자신을 비하하는 시선이 없는 곳에서 마음의 평안을 얻었으면 해. 아마 그렇게 되면 교회에서 K를 다시 보는 일이 그리 어렵지 않을 거야.

바라기는 은혜가 지금의 복잡한 마음들을 잘 정리하고 K를 당당하게 대할 수 있으면 좋겠다. 비난하는 마음으로 차갑게 대하거나 그렇다고 위축되지도 않고 말이다. 예전처럼 친절하게 대하되 그것이 애써 꾸미는 친절이 아니면 얼마나 좋을까 해. 그런 당당하고 여유 있는 모습, 그런 게 진짜 매력 아니겠니? K 앞에서 자존심이 구겨졌다는 생각이 들면 마음과 행동이 한결같이 뿜어내는 여유와 친절로 자존심을 급 회복하길 바란다.^^ 은혜는 잘할 수 있을 거야.

며칠 동안 닫아놓았다던 네 방 창문 커튼도 열어젖히고, 안에서 걸어 잠근 마음의 문도 열고 나오렴. 인생에서 가장 중요한 만남을 찾아가는 일인데 한 방에 다 이루어지면 너무 싱겁잖니?^^ 지난겨

울 추위의 기억조차 지우는, 흐드러지게 핀 봄꽃들을 떠올리며 은혜의 고운 사랑이 활짝 피어날 아름다운 날을 그려본다.

아름다운 사랑의 날을 위해서 오늘의 추운 마음을 잘 견디기를 기도한다. 주의 평강이 은혜와 함께!

너 외로움이지?
맞지?

혼자 있는 밤, 이 안 좋은 느낌은 뭐지?

 '주일 지낸 늦은 밤, 허전하고 공허한 마음'이라는 메일 제목만 보고도 은혜가 어떤 얘길 해올지 알겠더구나. 선생님이 메일을 열어보기도 전에 담겨 있을 얘기들 다 알아맞혔지.^^ 놀랍지? 이제 은혜 속 마음을 아예 훤히 꿰뚫어 버리게 된 걸까? 아침부터 저녁 늦게까지 쉴 새 없이 진행되는 예배와 봉사와 사람들과의 교제, 좋을 땐 좋지만 힘들 때는 몸과 마음의 에너지가 많이 소진되는 일이지. 예배와 설교를 통해서 충분히 하나님의 은혜도 경험했고 공동체의 사랑도 느낀 것이 분명한데 주일 밤 혼자 집에 돌아와 느끼는 허전한 마음을 말하는 거지? 예배를 통해서 하나님을 만났다면 그 시간 그렇게 소진된 상태로 힘들 일이 아닌데 너의 영적 생활이 뭔가 잘못 되고 있다는 느낌이 드니? 하루 종일 교회에서 밝은 얼굴로 사람들을 대하고 은혜 충만한 얼굴로 사람들 앞에서 찬양을 드리던 너의 모습이 가식이라고만 느껴지는 것이니? 다른 날도 아니고 은혜로운 예배 후에 찾아드는 이 우울함으로 인해서 너의 신앙 생활이 엉망이 되고 있다고 생각하는 것 같구나. 게다가 GBS 모임 애프터를 하고 나란히 걸어가던 동기 커플의 뒷모습이 그렇게도 보기 싫었고, 무엇보다 혹여 질투를 하고 있는 것은 아닌가 싶어서 스스로에게 실망스럽기도 한가보구나. 은혜의 말대로 언제부터 이렇게 되었을까? 언제부터 주일 저녁이 이렇게 힘겨워졌을까? 은혜의 메일에서 느껴지는 건 그 시점이 K의 거절 이후라고 보는 것 같은데……. 그래 그럴 수 있을 거야. 그 이후로 교회 생활 안팎으로 한층 우울모드가 된 것은 분명하지. 그런데 꼭 그럴까? K의 거절 이후로 너의 영적 생활이 엉망이 되면서 주일 오후가 이렇게 힘겨워진 것일까? 잘 한 번 생각해 보면 좋겠네. 예전에는 이런 느낌이 없었나 하고.

이름을 불러주자. '너, 외로움이지?'

'주일 저녁에 밀려오는 형언하기 어려운 복잡한 감정'에 선생님 식으로 이름을 좀 붙여볼까? "여호와 하나님이 가라사대 사람의 독처하는 것이 좋지 못하니 내가 그를 위하여 돕는 배필을 지으리라 하시니라"(The LORD God said, "It is not good for the man to be alone. I will make a helper suitable for him"). 익숙한 창세기 2장 18절 말씀이지? 아담이 혼자 있는 것을 하나님이 좋지 않게 보셨다는구나. 아담이 혼자 있으면서 든 느낌이 은혜의 지금 느낌 아닐까? 독처함으로 인해서 느낄 수밖에 없는 외로움 말이다. 외로움이란 것이 '홀로 있다는 느낌'이니까 여러 사람과 함께 있다가 홀로 물러날 때 더 강하게 느껴지겠지. 주일 같은 경우가 그렇지 않겠니. 무엇보다 외로움이라는 느낌은 누군가와 연결되고 싶다는 느낌인데 주일에는 평일에 만나는 사람들보다는 더 깊이 연결된다는 느낌을 받게 될 테니까 말이야. 아마도 은혜가 느끼는 외로움은 '독처로 인해서 오는 외로움', 무엇보다 '이성과 연결되고 싶은 마음'에서 오는 것일 거야. 그리고 그 감정은 K와의 관계 이후로 더 분명하게 느껴지는 것이지. 잘 생각해 보면 예전에도 있었던 느낌이란 걸 알 수 있을 것 같은데. 게다가 은혜에게만 유난스럽게 크게 밀려오는 것이 아니라 네 친구나 아직 싱글인 청년 대부분도 느끼고 있을 거라 생각한다.

다시 말하지만 독처하는 것이 하나님 보시기에 좋지 않을 정도였으니 아담이 얼마나 외로워서 오만상을 찌푸리고 에덴 동산을 배회했겠느냐 말이다.^^ 그렇다면 이것을 '하나님 공식 인정 외로움'이라고 할 수 있겠지? 그러니 주일 저녁, 특히 이런 정서가 밀려올 때 '뭔가 잘못되었다'든지, '부적절한 느낌'이라든지 하는 생각은 하지 않는 게 좋을 것 같아. 또 K로 인한 아픔이 영향을 미치기는 했을지언정 근본적인 이유는 아니라는 것이지. 돌아보면 선생님도 네 나이 때 정말 절절하게 느꼈던 느낌인 것 같거든. 아마 요즘처럼 개나리가 흐드러진 아름다운 봄날이었을 거야. 대학 때였는데 강의를 마

치고 나와 캠퍼스를 걷는데 여기 저기 너무 아름다운 거야. 그때 나도 모르게 내 입에서 나온 말이 뭔 줄 아니? "하나님! 꽃은 저렇게 예쁘게 폈는데……. 저는 너무 외로워요. 외로워서 죽을 거 같아요"였어. 우습지?^^;;; 아직도 그날의 따뜻한 봄 햇살과 흐드러진 꽃들, 그 가운데 진한 싱글의 외로움으로 힘겨웠던 느낌들이 생생하구나.

외로움, 맞습니다. 맞고요.

어때? 선생님 식대로 붙인 이름이 적절한 것 같니? 쉬운 일이 아니겠지만 외로움이 강하게 밀려올 때 '아, 이건 외로움이구나. 하나님이 보기에 별로여서 얼른 해결해 주고 싶어 하셨던 바로 그 독처의 외로움이구나. 올 것이 왔다. 이건 내게 짝을 주시려는 하나님의 프로젝트가 시작되었다는 뜻이야' 라고 생각할 수 있었으면 좋겠어. 당황하지 말고, 죄책감을 느끼지도 말고 그 외로움을 직면했으면 좋겠다는 이야기이다.

선생님의 청년 시절을 돌아보고 또 너 또래 친구들을 유심히 지켜보면서 외로움에 대처하는 몇 가지 방식들에 대해서 생각해 봤단다. 일단 외로움 자체를 못 견디는 친구들이 있는 것 같아. 끊임없이 사람을 찾아다니는 거지. 그것도 단지 외롭다는 이유로 계속해서 이성친구를 사귀는 거 말이다. 그건 안타까운 선택이다. 외로움을 직면해서 잘 풀어내는 싱글이 궁극적으로 건강한 이성교제도 할

수 있다는 생각이거든. 혼자 잘 지내는 것을 알지 못하면 어떤 좋은 사람과도 성공적인 교제를 하기가 쉽지 않을 거야. 그런 의미에서 외로울지언정 쉽게 사람을 만나는 선택을 하지 않는 은혜가 참 귀하다고 여겨져. 한편, 싱글의 외로움에만 마음을 집중하다 보면 이성을 볼 때 '내 짝이 될 수 있을까? 아닐까?'의 잣대로만 상대를 보게 되고 그야말로 '우는 사자와 같이 남친을 찾아다니게 될 수'도 있을 것 같아. 가끔 보면 자매들을 향해서 작업 그 이상이 아닌 행동은 할 줄 모르는 형제들이 있지 않니?^^ 자신에게 외로워 볼 틈을 주지 않기로는 꼭 이성교제만은 아닌 것 같아. 학교나 직장, 특히 교회에서 끊임없이 일을 만들어서 많은 봉사와 단기선교 등으로 외로운 시간이 없는 친구들도 있지 않나? 그런 모든 일들의 동기가 행동과 크게 다르지 않으면 말할 나위 없이 좋은 일이지만 행여 '외롭지 않기 위한' 선택은 아닌지 돌아볼 필요가 있겠지.

외로움에 이름을 붙이고 정체를 안다고 그에 맞서는 고통의 무게가 줄지는 않는다는 것을 선생님이 잘 안다. 정체를 알아도, 하나님의 짝을 주시는 계획이 숨어있음을 알아도 외로움을 견디는 건 쉬운 일이 아니지. 나는 올해 고난주간에 '싱글이셨던 예수님'을 묵상했단다. 친히 사람의 몸으로 오셔서 우리의 모든 일에 한결같이 시험을 받으셨다고 하니 지금 은혜가 겪는 '독처'의 외로움 또한 체휼하시지 않겠니? 선생님도 기도할게. 은혜가 외로움의 어두운 터널을 통과하는데 앞서 겪으신 그분의 빛이 비추도록 말이다. 힘내고 잘 지내기야. 알았지?

비신자와 결혼 말고요,
데이트도 안돼요?

드디어 올 것이 오고야 말았구나.^^ 언젠가 한 번은 은혜가 질문하리라 생각하고 있던 예상문제다. 믿지 않는 친구와의 이성교제라……. 예상문제긴 했는데 막상 받고 보니 생각보다 난감하구나. 네 주문대로 'Yes냐? No냐?'로 분명하게 답하기는 어려운 일이 아니지만, 정답은 은혜가 이미 알고 있는 것 아니냐? "선생님만큼은 뭔가 다른 답을 주실 거라 믿는다"는 말은 정답이 아닌 걸 정답이라고 말하는 걸 듣고 싶다는 얘기냐? 이 녀석! 선생님을 완전히 골탕 먹이기로 작정한 거구나.^^

맞다. 선생님이 그런 말을 자주 했었지. 믿지 않는 친구들과 적극적으로 사귀고 마음을 나누는 친구가 되라고. 단지 예수님을 믿지 않는다고 해서 그저 '구원해야 할 대상, 죄인'으로만 대하지 않도록 하라고 했지. 그 말을 기억해 내서 선생님을 오도 가도 못하게 만들겠다는 것이지?

동아리 선배라는 S군, 네 얘기를 들으니 좋은 사람 같구나. 마음이 따뜻하고, 그러면서도 합리적이라니 정말 멋진 사람 같아. 게다가 요즘 같은 세상에 그런 좋은 회사에 단번에 합격했다니 흔히 말하는 능력도 갖췄네. 은혜와 말도 잘 통하고, 노래 동아리에서 만났으니 함께 노래하는 것도 공감대가 될 테고. 정말 장점이 많다. 그런 S와 지금 당장 결혼하겠다는 것도 아니고 좀 사귀어 보는 게 뭐 그리 잘못된 것이냐고? '데이트를 해도 되는지 안 되는지를 Yes냐 No냐로 대답하라~' 하는 게 이번 메일의 주문이렸다?

단 하나뿐인 영혼의 친구

　좀 쑥스럽지만 선생님의 결혼 생활 얘기를 좀 하는 게 좋겠다. 요즘 새삼스레 드는 생각인데 선생님은 아무래도 일생을 통해서 받은 최고의 선물이 '남편'인 듯해. 예전에는 이렇게 말하는 것이 닭살 행각에서도 더 나간 오버라 생각했는데 날이 갈수록 진심으로 그렇게 생각한단다. 왜 그런가 하면, 남편과의 결혼을 통해서 비로소 '영혼의 친구, 영혼의 우정'을 맛보았기 때문이지. 결혼 전에도 아니 지금도 정말 좋은 벗들이 많이 있지만, '영혼의 친구'라는 말은 남편에게만 붙이고 싶어. 간단하게 말하기 어려운 부분이지만 결혼 생활을 하면서 피차간에 무엇으로도 감출 수 없는 가장 추한 밑바닥의 모습을 드러냈고(한두 번이 아니고 반복적으로, 결혼 초에만

그런 것이 아니고, 지금도 여전히 심심치 않게 드러나고 있음^^), 그 바닥을 보고도 서로 다시 사랑하고 더 깊게 사랑하는 기적 같은 일이 있었단다.

이런 기적 같은 사랑은 '영혼으로 하나 됨'이라고 부르는 것이 참으로 적절한 것 같아. 이 사랑은 십 몇 년 전 기타를 치며 눈을 지그시 감고 찬양하던 어떤 남자, 그 남자의 모습을 보는 순간 머릿속이 하얗게 되고 매일 그를 향해 달리는 마음을 누를 수 없었던 불같은 사랑과는 비교도 안 되는 사랑이란다. 눈을 떠도 감아도 떠오르던, 세상이 온통 그 사람으로 채워진 것 같았던, 마법의 보자기를 뒤집어쓴 것 같던 그런 사랑보다 말할 수 없이 깊은 사랑이야. 너무 신파조냐?^^;;; 아무튼 진실이다.

주님이 주신 힘으로만 가능한 사랑

영혼의 친구가 된 남편과의 관계로 하나님과의 관계도 더 깊어졌다고 말할 수 있어. 이것이 바울 사도가 남편과 아내가 하나 됨에 대해서 말한 '큰 비밀' 아닐까? 그런데 이 비밀을 발견한 부부가 과연 이 지구상에 몇 퍼센트나 될까? 이 깊은 비밀의 발견은커녕 속 깊은 대화조차 하지 못하고 '그러려니……' 하고 지내는 부부들이 얼마나 많은지 아니? 그리스도인 부부들 중에서도 말이다.

우리 부부 이야기에 숨은 더 큰 비밀이 있는데, 그게 뭔 줄 아니? 두 사람의 인격이 아무리 훌륭한들, 이해심이 아무리 많은들 인간의 바닥을 보고도 계속 뜨겁게 사랑할 수 있겠니? 너희와 예전에 함께 부르기도 했던 찬양인 것 같은데 생각나니? "나의 힘으론 당신을 사랑할 수 없네. 나의 가진 모든 것으로 당신을 축복할 수 없지만 주님이 주신 크고도 놀라우신 그 사랑으로 당신을 사랑합니다~♬" 하나님께 배운 사랑을 흉내라도 내는 것, 그 사랑의 모델 없이 영혼의 친구는 무슨 영혼의 친구냐. 서로 최악의 모습을 확인하는 순간엔 뒤돌아서 다시는 쳐다보고 싶지도 않은데 말이다. 이것은 정말 부부가 함께 하나님의 사랑을 알고 경험해야만 가능한 경지인 것 같다.

분명한 연애의 목적

선생님 얘기를 왜 이렇게 길게 하는지 이제는 알아챘을 거다. 언젠가 네게 보낸 메일에 '목적이 이끄는 연애'라는 표현을 한 적이 있었어. 최소한 '이 정도의 목적'이었으면 좋겠어. 연애를 통해 정말 좋은 배우자를 만나는 목적, 또 그 배우자를 만나는 목적이란 이 세상에서 달리 경험해 볼 수 없는 '영적으로 하나 되는' 결혼의 축복을 누려보는 목적. 그런 목적 말이다. "모든 데이트는 곧 결혼이다!" 이렇게 말할 수는 없지. 그렇지만 비신자와의 잦은 데이트는 비신자와의 결혼으로 이어질 가능성이 커지는 것이고, 신앙인과의 지속적인 데이트는 신앙인과의 결혼으로 가지 않겠니?

결혼을 전제로 하는 데이트 습관, 이것이 목적이 이끄는 연애다. 최소한 은혜가 이 부분에 동의한다면 궁극적으로 S와는 결혼할 수 없지 않겠니? 그걸 알면서도 데이트를 하고 친밀한 관계를 맺는 것은 책임 있는 행동일까? 데이트를 통해서 더 깊은 친밀감을 가진 이후에 "당신과 결혼은 안 되겠다"는 얘기를 해야 할 상황이 올 때 상처를 줘야 하는 너 자신과 상처 받을 상대방이 어떨지를 냉철하게 생각하면 좋겠구나.

불가능해 보이는 현실

은혜야! 이건 선생님의 조심스러운 추측이지만, 은혜가 불신자인 S의 프러포즈에 대해서 긍정적으로 생각하는 것, 심지어 '사귀어 볼까?' 하는 데까지 간 데는 뭐랄까 좀 미묘한 마음의 역동이 있지 않았을까? 은혜가 누구보다 열심히 하나님 뜻을 구하면서 신중하게 연애를 위해서 기도하는 데도 연애 문제가 어렵게 느껴져 좀 지친 건 아니니? 너는 이제 괜찮다고 하지만 지난번 K와의 일로 마음의 후유증이 남아 있는데다, 주변의 믿는 형제 중에는 딱히 마음에 드는 사람도 없고 말이다. 하나님의 방법대로 연애하기 위해 기도하며 기다리는 일이 버겁게 느껴지고 조금 엇나가보고 싶은 것은 아닌지? 조금은 자포자기랄까, 하나님이든 선생님이든 어딘가에 반항해보고 싶은 마음이 드는 차에 S의 제안에 마음을 열게 된 건 아닐까. 그런 좀 불편해진 마음에 "비신자와 결혼하지 마라. 연애하지 마라" 하는 부정적인 명령에 태클을 걸어보고 싶은 건 아닌가 하는 생각을 했다.

단지 은혜의 상황뿐 아니라 교회 안의 현실을 생각할 때 마음이 많이 아프다. 교회 청년부마다 성비에 있어서 자매가 월등히 높은 것이 일반적인 현상인 것 같다. 그리스도인 형제와 이성교제를 하고 결혼을 하고 싶어도 이런 구조적인 문제 때문에 그럴 수 없는 자매들이 분명히 있다는 현실. 너희 교회만 해도 너보다 나이가 훨씬 많은 여자 선배들이 있지 않니. 목적이 이끄는 연애를 하고 싶어도 형제가 없는 한국교회 청년부의 현실에 '비신자와의 결혼 불가! 꽝꽝꽝!' 이것이 많은 자매에게 가혹한 요구라는 걸 안다. 정말 마음 아픈 일로 은혜 개인의 문제를 넘어서 함께 기도할 부분이라고 생각해.

우리를 향한 사랑의 명령

다시 은혜 너의 얘기로 돌아가자. 사람은 너나 할 것 없이 하지 말라면 더 하고 싶은 마음이 있는 것 같아. "절대 열어보지 마세요!"

하면 꼭 열어보고 싶은 마음이 들지 않니? 나는 운전하다가 속도제한 표시에 감시 카메라까지 있는 곳을 조심스럽게 지나고 나면 이상하게 액셀러레이터를 더 밟게 되더라.^^;;; 딱 잘라서 안 된다고 하면 더 하고 싶은 마음이 분명히 우리에게 있는 것 같아. 그 명령이 우리의 안전을 위한, 우리를 상처에서 보호하기 위한 것이라는 뜻에는 주의를 잘 기울이지 않고 말이야.

네가 말한 "너희는 믿지 않는 자와 멍에를 같이하지 말라"(고후 6:14)는 말씀은 결혼 관계에서 최선의 것을 주시기 위해서 미리 보호막을 쳐두시는 사랑의 명령인 것 같아. 때론 하나님의 인도하심을 기다리는 일이 끝도 없는 일 같고 지치고 힘들지. 주변에 널린 쉬운 방법들이 눈에 들어오고. 그렇지만 그분의 방법은 믿을 만하다는 것을 은혜가 다시 기억하면 좋겠어. 이제 더 할 말이 없구나. 은혜가 선생님에게 던진 "비기독교인 친구와의 데이트, Yes냐 No냐?"라는 이 질문은 다시 은혜에게 보낸다.^^

사모가 되겠어요.
아니, 사모만은 싫어요

　소개팅을 했구나. 이거 너무 극과 극을 왔다 갔다 해서 답장 모드로 바꾸는 데 선생님이 막 헛갈리는데. 지난번 메일에서는 비신자와의 데이트를 질문하더니 그 사이 전도사님과 소개팅을 했다고? 우리 은혜가 사람을 만날 때가 되긴 했나 보구나. 사람에 대한 고민이 끊일 날이 없으니 말이야. 소개팅을 하고 나면 맘이 참 복잡하지? 상대가 마음에 들면 상대의 반응을 기다리는 시간이, 맘에 안 들면 적절하게 사후처리하기 둘 다 어려운 일이야. 그지? '하나님이 은혜의 이성교제를 쿨하게 인도하질 않으신다'는 얘기를 읽으니 은혜의 볼멘소리가 귀에 들리는 듯하다. 그러게 말이다. '우리 은혜의 반쪽은 이 녀석이다' 하고 팍 갖다 안겨주실 일이지, 달라는 남친은 안 주시고 고민거리만 그렇게 주시냐? 이번 소개팅으로 '사모가 되는 것'에 대한 숙제를 새로 떠안았다고? 어찌 은혜한테 온 숙제는 고스란히 선생님이 대신하고 있는 느낌이냐? 아~ 오해는 하지 마라.

선생님은 사랑하는 제자 은혜의 연애 고민에 동참하는 것을 영광으로 알고 있으니까 말이야.

예비 목회자와 소개팅

교회에서 보면 좀 성실하고, 믿음이 있어 보이고, 참하다 싶은 자매들에게는 한 번 쯤 칭찬이라고 해주는 평가가 '사모감'인 것 같아. "너는 딱 사모감이다." 이런 얘기를 들으면 듣는 사람에 따라 다르게 반응하겠지만 일단 교회문화 안에서는 칭찬 아니겠니. 소개팅을 주선해 주신 권사님도 은혜를 아주 예쁘게 보셨다는 얘기지. 어른들이 "너는 사모감이다" 하실 때 어떤 덕목을 꼽으시는지는 정확히 알 수 없지만 흔히 교회에서 봉사 잘 하고, 착하고, 잘 섬기는 등의 이런 좋은 것들은 다 포함하고 있다고 봐야지. 그러니 교회 안에서 자란 과년한 처녀들에게 "내가 사모감?" 하는 고민은 가볍고도 무거운 통과의례 같기도 해. 선생님도 예외는 아니었지. 소시 적에 목회하실 분과 소개팅도 해봤고 같은 교회 내 전도사님들과 이런저런 일도 있어봤고 말이다. 상대방이 은혜에게 호감을 가지고 있고 계속 교제를 원한다고? 그런데 은혜는 그 사람이 어느 정도 맘에 들지만 예비 목회자라는 것이 마음에 걸린다는 것이지? 그러게. 네 말대로 소개팅을 나가기 전에 신중하게 생각하고 나갔으면 좋았겠지만 우리가 원래 닥쳐야 진지하게 고민하고 기도하게 되는 연약한 사람들 아니니. 계기도 없는데 어떤 일을 심각하게 고민하는 것이 어디 쉬운 일이겠니.

외적인 조건보단 사람을 보기

신학교에 가면 그런 경우가 있다더라. 사모가 되겠다고 서원(?)한 여학생이 남학생 하나를 찍어놓고 "제발 저 남자와 잘 되게 해 주세요" 하며 기도를 하고, 상대 남학생은 "하나님, 저 자매만은 싫어요. 제발 떨어져 나가게 해 주세요" 기도한다고 하더라. 이렇게 사모가 되는 것이 하나님의 소명을 이루는 일처럼 적극적으로 자원하는 자매가 있는가 하면, 다른 건 다 OK지만 "사모만은 싫습니다. 자신 없습니다" 하는 사람도 있는 것 같아. 사모가 뭐길래 젊은 처자들이 이렇듯 극단의 반응을 보이는 걸까? 목회자들이 소명을 받아서 신학도가 되는 것처럼 사모도 하나의 특별한 소명일까?

일단 나는 '사모 됨'에 대해 필요 이상의 무게가 실린 것 아닐까 하는 생각을 해. 나는 사모가 되겠다는 쪽도, 사모만은 싫다는 쪽도 너무 막연한 두려움과 기대에 붙들려 있는 건 아닌가 생각해. 목회자 사모님들의 삶이 남편의 사역으로 인해서 남달라 보이는 부분이 있기는 하다. 하지만 선택의 순서에 있어서 '사모'라는 자리가 먼저가 아니라 '내가 결혼하려고 선택한 사람이 목회자 내지는 목회자 지망생'이라는 것이 앞선 순서 아니겠니? 사모가 될까, 말까에 대

한 고민도 만만치 않은 무게임을 알지만, 좀 더 본질적인 물음은 "이 사람이면 내가 평생을 함께하며 행복한 가정을 만들어 갈 수 있겠느냐"가 되어야 한다는 거야. 주변의 여러 사모님을 보렴. 교회 내에서 외딴섬처럼 외롭게 생활해야 하는 것, 경제적인 어려움이 있다한들 남편과 더불어 마음과 영혼으로 하나 되어 신뢰하는 관계를 맺지 못해 오는 외로움과 고통보다 크지는 않을 거라는 생각이야. 가정의 모든 일은 아내에게만 일임하고 사역에만 매달리는 사역자가 일중독의 회사원 남편과 크게 다를까? 그러니 '사모됨'에 대한 막연한 두려움의 무게에 가려서 즉, '그는 사역자다'에 가려서 '그는 어떤 사람인가?'를 제대로 보지 못한 채 선택하는 일은 없었으면 좋겠다.

이번 메일에서 은혜가 소개팅을 했다는 전도사님에 대한 은혜의 느낌이 그저 '괜찮다' 외에 별다른 정보가 없기에 선생님의 노파심이 발동한 것 같아. 그 전도사님이 사역에 대해서는 어떤 비전을 가지고 있는지, 가정에 대해서는 어떤 그림을 그리고 있는지, 또 아내와의 관계를 어떻게 세워가기 원하는지 등에 대해서 잘 알 수 있으면 좋겠다. 선생님이 일단 가장 궁금한 부분은 그거야. 은혜가 염려하는 건 십분 이해하지만, 그 염려 때문에 마차가 말을 끌고 가는 식의 선택을 하게 되지는 않을까 하는 것이지. 선생님 생각에 일단 제일 중요한 것은 사.람.이란다.

사모가 된다는 것

네가 알다시피 선생님 남편이 늦깎이 신학생이 되고 전도사가 된 탓에 어쩌다보니 선생님도 사모가 된 지 어언 3년이란다. 남편이 신대원 입학을 결정한 후에 나를 스치고 지나간 여러 생각이 은혜의 메일에 담겨져 있는 것들과 크게 다르지 않단다. 막상 뚜껑을 열고 보니 내게 있어 어려운 점은 교회 안에서 '공인'이 된다는 거였어. 또 공인인 목회자나 사모에 대한 기대가 뚜렷한 기준이 있는 것이 아니라 사람마다 다르더구나. "사모는 이래야 한다. 혹은 저래야 한다"는 다양한, 그러나 서로 부합하지 않는 기대들이 당혹스러웠지만 시간이 지날수록 너무 다양한 기대는 오히려 내게 아무것도 요구할 수 없다는 생각이 들더라. '사모 됨'이 따로 있는 것이 아니라 '나다움'을 지니고 살아가는 것이 '참된 사모 됨'이라는 생각을 하고 있어. 오히려 '사모의 틀'을 가지고 가장 강력하게 요구하는 사람이 목회자인 남편인 경우가 많은 것 같더라. "당신은 사모니까 일하지 말고 가만히 있어라." "당신은 사모니까 일해라"는 식의 틀 중에서 가장 영향력을 미치는 틀은 목회자인 남편이 제시하는 틀인 것 같아. 그러니 단지 목회자의 아내가 아니라 어떤 목회자의 아내인가가 정말 중요하지 않겠니?

예비 목회자가 배우자를 선택할 때

그런 의미에서 아내를 선택하는 전도사님들도 생각해 볼 문제가 있는 것 같아. 어떤 목회자 지망생들이 우스갯소리로 하는 얘기를 들은 적이 있어. 자신은 목회자이기 때문에 일단 결혼을 하면 한 눈 팔 수 없으니 얼굴도 되고 몸매도 되는 자매를 만나야 한다는 거야. 신앙과 인격은 기본사양이라고 하겠지. 자신의 소명과 자기 자신을 구별하지 못한 상태에서 결혼을 생각하는 방식인 것 같아. 한 남자로서 한 여인을 선택하고 사랑하겠다는 기본적인 전제에서 비켜간 위험한 생각 아니니? (이런 분들은 필시 한 눈 팔 가능성이 높다는 개인적인 생각!)

또는 반대로 "내가 선택한 길은 힘든 길인데 어느 자매가 나와 함께하겠나?" 하는 전도사님들도 있는 것 같아. 자매들이 다가올 때마다 '사역자의 길=고난의 길' 카드를 내밀고는 "받을래? 말래?"부터 먼저 묻는 방식으로 배우자 선택에 접근하는 것 말이야. 단지 사역의 동역자로서가 아니라 하나님이 짝지어 주신, 이 세상에서 마음을 다해 사랑할 단 한 여인을 선택하는 것이 먼저일 듯해.

선생님 메일 받고 소개팅 이후의 상황들을 전해주면 좋겠다. 이번 소개팅 역시 더 좋은 관계로 발전하든 그렇지 않든 은혜의 연애사에 고운 한 페이지가 될 거야. 결국 하나님 앞에서 최적의 짝을 만나는 데 더 가까이 가는 유익을 줄 것이라 믿어. 앞으로도 은혜의 이성교제와 결혼하는 일을 네 바람대로 쿨하고 신속하게 인도하실지 어떨지는 모르겠구나. 분명한 건 하나님은 은혜가 하는 아주 작은 소개팅 하나에도 지대한 관심이 있으시며, 궁극적으로 가장 아름다운 가정을 선물로 주기 위해 준비 중이시라는 것, 무엇보다 영원하고 가장 진실한 사랑으로 은혜를 바라보고 계시다는 것은 선생님이 분명히 알고 있다.^^ 또 소식 기다릴게.

뭐 하는 남자야?
돈은 좀 번대?

오우-
연애

은혜에게

혼자서 잘 결정했구나. 소개팅한 전도사님과의 만남을 접기로 한 결정 자체보다 결정하기까지 과정, 무엇보다 그 분께 네 마음을 분명하게 전한 것이 잘 한 거다. 사모가 되기에는 경제적인 부분이 가장 자신 없었다고 솔직히 말해줘서 놀랐단다. 다른 고상한 이유를 대고 싶은 마음도 있었을 텐데도 있는 그대로를 드러내준 것이 대견하고 고맙다. 넉넉하신 부모님 밑에서 자라난 네게 현실적으로 쉬운 일이 아닐 거라고 생각했다. 사실 그러면서도 그 분이 정말 괜찮은 분이라고 하니 은혜가 용기 있는 선택을 하지 않을까 하는 기대도 있었다만……:^^ 그 전도사님도 당장 마음은 아프겠지만 네 마음을 진실하게 전했으니 이제는 스스로 잘 추스르시길 기도할밖에.

끌리는 이유를 분명히 알아야 해

"이번 소개팅을 통해서 제가 어떤 사람인지, 남자를 보는 데 무엇을 중요하게 보는 지를 처음으로 진지하게 생각해 본 것 같아요. 저는 아무래도 남자를 볼 때 경제력 부분에 높은 배점을 주는 것 같아요. 자유로워질 수가 없어요. 좀 속물 같기는 하지만 저는 돈을 잘 버는 남자를 만나면 좋겠어요. 저 너무 세속적이죠?"라고 했지.

그러게. 우리 은혜가 보기보다 세속적이네.ㅎㅎ 누군들 돈에서 자유로울 수 있겠니. 알고 보면 '돈 문제'인데 겉으로 다른 문제인 것처럼 남과 자신을 속이는 것보다는 "나 세속적이오"라고 커밍아웃을 한 것이 오히려 맘에 든다. 물론 남자의 경제력을 우선순위로 두고 선택하는 것에 대해 옳다고 지지하는 것은 아니다. 사람이 사람을 선택할 때는 뭔가 끌리는 것이 있을 것 아니니? 왜 이 사람을 선택했는지, 그 '끌림'의 내용을 알고 끌려가는 사람과 그렇지 않은 사람은 분명히 다른 지점에 서 있다고 생각해.

선택한 결정에 솔직해야 문제를 해결할 수 있어

결혼한 지 10년이 넘은 친구 부부가 있단다. 결혼할 당시 남편은 사회적으로 유능했고 수입도 매우 좋았지. 친구는 그런 유능하고 성실한 남편의 모습에 만족하는 것 같았다. 그런데 결혼 후 신앙생

활에 열심인 다른 남편들의 모습이 눈에 들어왔어. 아내와 대화도 잘하고 함께 말씀을 묵상하고 나누는 모습이 부러워진 거지. 그래서 자신의 남편에게 대화도 하고 묵상도 하자고 했지만 남편은 그런 변화에 쓸 시간이나 에너지도 없어 보였단다. 친구는 도대체 왜 지금의 남편과 결혼했는지 모르겠다는 거야.

차라리 이 친구가 "나는 내 남편의 성실함과 직장에서의 유능함에 끌렸다. 그의 유능함과 성실한 성품은 내 결혼 생활에 사회적으로 경제적으로 안정감을 부여해 줄 수 있었다"고 말할 수 있으면 좋겠다 싶어. 이렇게 인정할 수 있다면 자신의 선택에 대한 건강한 책임감으로 남편과의 관계를 만들어 갈 수 있을 것 같아. 처음부터 자신이 끌린 이유를 명확하게 말할 수 있다면 결혼 생활에서의 불필요한 기대, 채워지지 않아서 생기는 갈등을 원천봉쇄할 수 있을 거야. 그런 의미에서 이번에 진지하고 솔직하게 자신의 선택에 대해 생각했다는 것에 박수를 보낸다.

경제력도 중요하지만 최우선은 아니다

은혜야! 말이 나온 김에 선생님이 좀 어려운 얘기를 해야겠다. 연애와 결혼 그리고 돈과의 함수 사이에서 은혜를 포함한 젊은 친구들이 어디쯤 서 있는지 느껴질 때 마음이 아파. 가끔 네 미니홈피에 가서 청년부 모임 후 친구들과 뒤풀이 하는 수준, 명품 액세서리나

오우-
연애

성형 이야기 등 소소한 일상을 지켜보며 "이거 유지비가 장난이 아니겠는데" 싶거든. 데이트가 너의 일상수준을 유지해야 한다고 할 때 어쩔 수 없이 남자의 경제력은 아예 기본사양으로 치고 더 말할 필요도 없는 정도가 아닌가 싶어. 네가 지금 다니고 있는 교회 교인들의 경제적 수준이 우리 사회 평균 이상이고, 네 생활도 넉넉한 부모님 덕분에 부유함이 자연스러운 일이기 때문에 이런 얘기를 굳이 은혜에게 꼭 집어 얘기해야 할까 하는 고민을 했다. 썼다 지우기를 여러 번 반복했는데……. 민감하고 불편한 것을 피해가는 것은 아무래도 사랑의 마음이 아닌 것 같아 이렇게 용기를 낸다. 은혜가 저번 메일에서 솔직하게 마음을 드러내준 것처럼 선생님 역시 마음에서 나오는 우려를 내보이기로 했어.

우리가 인생을 살면서 돈으로 살 수 없는 것이 무지 많아. 그런데 돈으로 살 수 있는 것들이 워낙 많으니까, 돈으로 모.든. 걸 살 수 있다는 착각을 하게 되는 것 같아. 얼마 전 교회 후배한테 그런 얘기를 들었다. 막 교제하기 시작한 남자친구가 정말 자신을 선택한 건지 믿음이 가지 않았는데 학생 신분에 명품 가방을 생일선물로 사주는 걸 보고 남친의 마음을 확인할 수 있었다는 거야. 좀 시니컬하게 봐주자면 명품 가방을 구입한 돈은 여친 마음에 확신을 사 준 것이라는 생각이 들어. 데이트나 결혼 상대에게 거는 경제력에 대한 기대는 서로를 향한 깊은 헌신과 하나 됨에 치명적인 걸림돌이 되지 않을까 하는 우려가 든단다. 돈이 많은 경우보다 돈이 없어서 사는 게 불편하고 어려운 경우가 어떤 면에서는 더 안전하다는 생각을 하기도 해. 데이트와 결혼에 있어서도 남자든 여자든 돈이 넉넉한 사람은 돈이 주는 후광효과로 판단하고 선택하는 일에 발이 미끄덩할 수도 있다는 거지.

현실적으로 돈도 잘 벌고, 깊이 있는 영적생활에도 전념하고, 가정에서 아내와 자녀들의 깊은 정서적 필요까지 채워주면서 게다가 부부의 하나 됨에도 마음을 쏟을 수 있을 남자는 드물어. 만약 있다면 냉큼 우리 은혜 앞에 잡아다 놓을 텐데 말이야. 아니 그런 남자가 한 명 더 있으면 선생님도 어떻게 다시 한 번 데이트와 결혼의 기회를 가져보고 싶구나.ㅎㅎ

은혜가 하는 말이 '남자의 경제력만 본다' 내지는 '경제력을 최우선으로 본다'는 의미가 아님을 잘 알고 있단다. 또 은혜나 은혜 부모님은 누릴 수 있는 것을 줄이고 나눔의 삶을 사는 것도 누구보다 잘 알고 있어. 은혜가 이미 누리고 있는 것들을 하지 말라는 것도, 경제력 있는 남자를 무조건 의심하라는 것도 아님을 알지? 돈으로 살 수 있는 것들은 대부분 가장 중요한 것에서 비껴가는 것임을 기억하면 좋겠어.

실은 선생님이 얼마 전부터 눈여겨보고 있는 청년이 한 명 있단다. 물론 그냥 눈여겨본 것이 아니라 흑심을 품고 보고 있지. 지성

과 열정을 겸비한 매력 있는 청년이야. 지금은 기독교 시민운동 쪽에서 일하고 있어. 기회를 봐서 둘을 한 번 만나게 하려는 꿍꿍이를 갖고 있었는데, 문제는 이 친구가 돈은 많이 못 번다는 거야. 솔직하게 말해서 둘의 소비 수준이 다르다는 것 때문에 망설이고 있었단다. 그러던 차에 마침 은혜가 던진 주제가 딱 맞아 떨어져서 속 시원하게 얘기할 수 있었다. 아이~ 후련하다. 선생님은 이렇게 후련한데 여기 쓴 어떤 표현들은 은혜 마음을 아프게 할 수도 있을 것 같아. 어떤 표현이든 그것이 은혜에 대한 깊은 애정임을 알 거라 믿는다. 또 연락하자.

따스한 따스한 가정
희망 주신 것 감사

은혜에게

축하 카드를 먼저 내밀까? 아니면 고마움을 먼저 전할까? 행복한 고민을 하게 되네. 사실 중매쟁이의 눈으로 본 두 사람 모두 인격과 신앙 양쪽에서 고득점자였기 때문에 내색은 못했지만 자못 기대가 컸었다. 한데 벌써 세 번째 만남을 가졌다니 성질 급한 선생님 혼자 샴페인을 터뜨리고 싶은 심정이다. 첫 날 만남 이후가 은근 궁금해서 몸이 달았는데, 중매쟁이의 설레발로 일을 그르칠까 봐 조신하게 기다리느라 힘들었다. 일단 좋은 만남이 되고 있다니 축하 또 축하다.

이번엔 고마운 것이 여럿 되는데, 무엇보다 지난번 내 메일에서 말과 글 너머에 있는 마음을 읽어줘서 고맙구나. 은혜와 주고받는 메일을 통해서 어떻게든 영향력을 미치고 싶은 마음조차 없다고 할 수는 없지만, 선생님은 그저 은혜가 고민하며 물어주는 것에 가장

진실하게 답하고 싶은 마음이고, 그것이 은혜에게 어떤 식으로든 도움이 된다면 감사한 일이라고 생각해. J군과 만남에 마음을 열어 주었고, 그 만남에서 서서히 감도는 핑크빛이 엊저녁에 불었던 때 이른 가을바람처럼 기분을 좋게 만드는구나.

그런데 막 핑크빛으로 물들어가는 은혜의 메일에 슬쩍 스쳐지나가는 걱정의 먹구름 하나가 있더구나. 은혜가 특별히 염두에 두고 언급한 것인지는 잘 모르겠지만 선생님의 '간섭 레이더 망'에 "띠디디디" 포착이 됐다. J의 부모님 얘기는 선생님도 이미 알고 있단다. 미처 은혜에게 그 얘기는 하지 못했구나. 이번 메일을 읽어보니 "미리 얘기해 주었어야 했나……" 하는 생각이 든다. 미리 말 못할 일도 아닌데 왜 굳이 말하지 않았을까를 곰곰이 생각해 보니 이제부터 할 얘기들이 그 이유인 것 같다. 들어보렴.

부모님이라는 그늘

부모님이 오래 전에 이혼을 하셔서 여동생과 함께 어머니와 살고 있다는 J 얘기. 그를 알고 나서 얼마 되지 않아서 들은 얘기야. 사춘기 시절 겪은 일이고, 그 이후에 힘들고 외롭게 지내시는 어머니를 지켜보면서 힘들었던 얘기도 들었어. 아마 은혜에게 했던 얘기들일 거야.

은혜가 말한 것처럼, 아니 정확하게 은혜 부모님이 하신다는 말씀, "사람을 보는 데는 그 부모를 보는 것이 중요하다. 가품을 보고 사람을 선택해야 한다"에 어느 정도 동의해. 아니 선생님도 젊은 시절 사람을 선택해야 하는 경우에 매우 중요하게 여기던 조건이기도 하단다. 그렇지. 아이들이 자라면서 가장 영향을 많이 받는 대상이 부모이고, 심지어 부모의 모습을 통해서 하나님의 형상을 그린다고 하니 이보다 중요할 수 있겠니. 부모님의 사시는 모습을 미루어 자녀들의 미래를 짐작한다는 것이 일리가 있는 지론임에 분명해. 그런 의미에서 J 부모님 이야기를 듣고 염려가 생겼다는 건 당연하다고 생각한다.

누구나 크고 작게 안고 있는 아픔, 가정

오늘도 선생님 얘기를 좀 할게. 선생님은 일찍 아버지를 여의었어. 아버지가 안 계신 빈자리가 늘 컸지만 가장 크게 느껴지는 순간이 있었단다. '결손가정'이라는 이름으로 나와 우리 가족이 불릴 때였어. 매 학기 초마다 가정환경 조사를 하면서 새 담임선생님으로부터 "눈 감고 편부 편모 가정, 손 들어봐라" 하는 주문을 받을 때, 결.손.이라는 단어가 온몸으로 느껴졌었지. 아버지가 돌아가신 이후 슬며시 내게 따라붙은 단어 하나, '결손가정'은 평생 동안 나를 놓아줄 것 같지 않았다.

그런데 내가 결혼을 해서 만든 새 가정은 결손이 아니더구나. 단

지 결혼을 해서 가정을 만들었더니 그 통증으로 얼룩진 딱지가 내게서 떨어져 나간 거야. 더 놀라운 것은 외형뿐 아니라 내게 선택권이 없었던 첫 번째 가정에서 부모님에게 받았던 상처들, 어떻게든 해결하려 했지만 내 힘으로는 되지 않았던 많은 문제와의 단절도 가능하더라는 거야. 물론 그것은 처음부터 '우리의 옛 가정이 준 쓴 뿌리들에 얽매여 살지 않기로' 의지적으로 결단하고 마음을 모아 준 파트너이자 반려자가 있었기에 가능한 일이었을 거야.

단지 외형적 결손가정 문제뿐이겠니. 결혼했지만 이혼한 듯 사시던 부모님, 일중독에다 독선적인 아버지, 과잉보호하시던 어머니, 무책임한 아버지, 감정표현 없는 부모님, 실패를 결코 용납하지 않던 부모님, 관계의 문제로 형제들과 왕래를 끊고 사시던 부모님……. 다 헤아릴 수도 없이 많은 첫 번째 가정에서의 상처가 결혼의 문턱에 서 있는 형제자매들을 아프게 했거나 아프게 하고 있을 거야. 그런 이유로 해 보지도 않은 결혼에 대해 낭만적인 꿈은커녕 시작도 하기 전에 회의적이고 좌절에 빠진 후배들을 보면 마음이 아파. 은혜도 언젠가 너무 완벽하신 부모님의 기준 밑에서 항상 뭔가 잘 못하는 것 같은 너 자신을 느끼면 힘들다는 표현을 했었지. 크든지 작든지 그런 식의 아픔들이 모두에게 있을 거야.

두려움이 아닌 기대함으로

"날 구원 하신 주 감사"라는 찬양 기억하니? 어느 날 그 찬양의 3절을 부르면서 마음이 뜨거워졌다. '길가의 장미꽃 감사 장미꽃 가시 감사, 따스한 따스한 가정 희망 주신 것 감사~♬'라는 가사가 나오더라. 이 찬양을 결손가정의 그늘 속에서 아파하던 나의 이십 대와, 가정에서 받은 많은 상처로 결혼과 이성교제에 대해서 자신감을 잃어버린 후배들에게 마음으로 불러주고 싶구나. 세상에 떠도는 얘기가 진실인 경우도 많지만 개인의 삶에서 그것도 하나님 안에서 사는 한 사람의 삶에서 그저 떠도는 얘기에 지나지 않을 수 있어. 우리의 과거가 어떠하든지, 우리에게는 따스한 가정을 세울 수 있다는 희망을 주는 보배로운 이름이 있어!

단지 J의 가정사에 대한 막.연.한. 두려움인지 아니면 혹시 다른 불안이 있는 건지 묻고 싶구나. 세 번 만나는 동안 J의 말이나 행동에서 걸리는 부분들이 생기는 이유가 가정적 배경에서 오는 것이라고 추측이 되었기에 불안한 마음이 드는 것이냐는 거지. 그렇다면 그 불안은 날려 보내지 말고 붙들고 생각해 봐야 할 것 같아. 세 번 만나면서 벌써 상대방의 연약함이 눈에 들어왔을 것 같지는 않아서 선생님은 막연한 두려움이라는 표현을 썼지만, 앞으로 단지 J의 가정 배경 자체가 아니라 그로 인해서 생겨난 쓴 뿌리의 열매들이 발견되면 지혜롭게 대처해 가자꾸나. 선생님은 자신의 자랑스럽지 않

은 배경을 정직하게 말할 수 있다는 것은 어느 정도 그 문제에서 자유로워진 사람이라고 생각해. 앞으로의 일이 되겠지만 그런 점이 발견되면 둘이 정직하게 대화하면 좋겠어. 선생님의 도움이 필요하다면 24시간 항시 대기다……^^

데이트는 구름 위를 걷는 설렘과 행복의 절정을 경험하는 기회이기도 하고 '이 사람과 결혼하면 행복할까?'를 테스트하는 기회이기도 하니까 그 둘을 잘 누리고 활용하면 좋겠지. 중매를 잘 해서 세 커플만 성공시키면 천국행 티켓이 공짜라는 설이 있던데…….ㅎㅎ 어떻게 내가 기대를 좀 해도 되겠니? 즐거운 소식 기다릴게. 아니 이제 데이트 하느라 선생님과의 이메일 데이트는 안중에도 없게 되는 것 아니냐? 그것도 기분 좋은 일이다.

아, 로맨틱하고 디피컬트한
우리들의 성 이야기

우리들의 성 이야기

은혜에게

연애에 빠져서 완전히 잊은 줄 알았더니 아직 내가 쓸모 있는 거냐?^^ 무소식이 희소식이란 말이 이런 거구나 싶었지. 네 메일이 뜸하기에 '요 녀석들 핑크빛 모드에 푹 빠져 있구만' 하고 있었다. 그렇게 미안해 할 필요 없어. 연애를 가르치는 연애 선생에게 연애 사업으로 바빠서 소식 전하지 못하는 게 어디 미안할 일이냐? 당당하게 '실전을 쌓고 있습니다. 기대해 주십쇼!'라고 할 일이지. 이렇게 가끔 실전에서 넘기 힘든 어려운 적을 만날 때만 구원 요청을 하면 된다. 그러니까 그 난적이 바로 스킨십이라는 얘기? 도대체 너희 둘이 어디까지 갔다는 말이냐? 궁금한 건 하나도 안 가르쳐주고 말이지.ㅋㅋ

연애의 난제, 스킨십

 가끔 청년들 대상으로 이성교제에 대해 강의할 때가 있단다. '이성교제'라는 말만 들어도 귀가 솔깃해지는 시절이니 보통은 기대에 찬 눈초리의 청년들을 대하게 되지만, 자기는 이성교제니 뭐니 하는 것에 딱히 관심 없다는 듯이 시큰둥한 표정으로 듣고 있던 친구들도 이 주제만 꺼내면 어느새 솔깃해 하는 마음과 눈빛을 감추지 못하더구나. 한창 이성교제 중인 친구들은 사랑하는 사람에 대한 불타오르는 욕망을 어느 지점에서 제어해야 하는지가 현실적인 고민일 테고, 싱글인 친구들은 정서적인 외로움과 더불어 풀어낼 수 없는 육체적 외로움과 욕망이 골칫거리일 테니까 말이야.
 본격적인 이성교제가 처음인 은혜에게는 생각보다 더 당혹스러운 현안일 것 같구나. 네 말대로 이미 이런저런 책을 통해서 머리로 알만큼은 알았던 스킨십 문제라지만 맞닥뜨리고 보니 만만하지가 않지? 이 일로 고민을 한다는 것 자체가 기특한 일이다. 요즘 뉴스나 주변의 얘기를 들어보면 스킨십이 다 뭐냐? 미혼 커플이 몇 박 며칠의 여행을 함께 갔다는 얘기는 여자친구끼리 갔다 왔다는 것처럼 자연스러운 일이고, 임신한 상태에서 결혼식을 하는 커플에 대해서는 "뭐야? 속도위반이야?" 하고 놀라는 것만큼 촌스러운 일이 없는 것 같아. 물론 뉴스에 나오는 연예인들 얘기이긴 하지만 뉴스를 못 타서 그렇지 알게 모르게 우리 주변에도 있는 일 아니니? 너나 나나

교회를 통해서 만나는 사람들이 많고 아무래도 이런 부분에 대해서 함구하는 분위기이다 보니 좀 덜한 듯이 보이는 게 아닐까 싶어.

분명한 제어장치 만들기

요즘 문화가 뭐라 말하든, 특히 너희 세대의 성문화가 어떠하든 성은 부부에게만 허락하신 하나님의 선물임이 분명해(히 13:4). 너무 잘 알고 있는, 그래서 다소 뒤떨어지게 느껴지는 이 올드(old)한 전제를 확인하면서 스킨십 문제를 얘기해 보는 것이 필요한 것 같아. 모든 스킨십은 성관계를 지향한다는 것 알고 있니? 지금 데이트 중인 사람은 자신에 대해서 조금만 정직해져도 인정할 수 있는 부분일 거야. 사랑하는 사람과 데이트를 하면서 그의 손을 잡고 싶고, 그의 어깨에 기대고 싶은 로맨틱한 설렘조차 성관계를 지향한다고 말하는 것은 왠지 오버 같지? 그 자연스러운 흥분조차 성관계로 가는 진입로니 시작도 하지 말라는 얘길 하려는 것이 아니란다. 그렇게 작은 설렘으로 시작한 스킨십이 성숙하고 건강한 만남으로 가는 길에 위협이 되는 순간이 있다는 말이다.

스킨십이 필시 이성이 아닌 성호르몬 자체에 의해서 끌려가는 순간이 있다는 것이 문제지. 그때는 브레이크 없이 달리는 자동차처럼 제어하기가 어렵다는 건 알 거야. 그게 정확히 어느 지점이라고 말할 수 있는 사람은 없을 것 같아. 연애에 관한 책을 여러 권 뒤져

봤더니 구체적으로 명시한 것들도 있던데, 은혜가 이미 몇 권을 봤을 테니 참고하길 바란다. 책에서 분명히 "옷 속에 손을 넣어 스킨십 하는 건 안 된다"고 읽었다고 해서 실전에서 행동이 멈춰지는 것은 아니겠지만, 일단 머리로라도 분명한 선을 그어 두는 건 반드시 필요한 일 같아.

키스를 하는 남녀가 지그시 눈을 감는 건 영화에서 본 너무 자연스러운 장면 아니냐. 어느 책에서 키스를 하는 그 로맨틱한 상황에서 눈을 동그랗게 뜨고 있는 상대를 발견할 때 깨는 맛을 아느냐고 묻는 걸 읽은 적이 있어. 최소한의 제어장치를 가동시키고 싶다면 두 눈을 동그랗게 뜨고 키스하는 정도의 깨는 의식이 있어야 할 것 같다는 생각을 했는데 네 생각은 어떠냐?^^ 궁극적으로 성호르몬이 마음대로 나를 끌고 가지 못하게 하려면 로맨틱의 끈을 끝까지 붙들고 있어서는 어려울 거라는 거야.

지그시 눈을 감으면서 '이제부터는 이 분위기에 나를 맡기겠어요. 자~ 내 욕망이여, 나를 어디로든 끌고 가보서' 하는 식의 자기 통제권을 스스로 포기하는 순간이 큰 보폭으로 한 발 나가게 되는 게 아닐까 싶거든. 내가 굳이 '내 욕망이여'라고 표현한 것에 주의를 기울여 보겠니? 자매들은 특히 스킨십이나 성관계에서 남자친구가 주도적으로 이끌어가는 것을 거절하지 못해서 생긴 일이라고 생각하는 경우가 많은 것 같아. 하지만 엄밀하게 그 순간 내가 내 몸을 맡긴 것은 상대방이 아니라, 나 자신의 욕망 내지는 성호르몬이 아닐

까를 잘 생각해 보면 좋겠어.

솔직한 대화로 함께 지키기

데이트에 관한 책이나 강의에서 이런 내용을 접할 때가 있어. "남성들은 여성보다 더 충동적이니 여성들이 각별히 유의해야 한다. 남성들은 시각적 자극에 약하기 때문에 자매들은 데이트할 때 상대방을 자극할 수 있는 노출이 심한 의상을 피해야 한다." 보통은 남성 저자나 강사였던 것 같아. 과연 남성이 여성보다 성욕이 왕성하고 제어하기 어려운지는 모르겠지만, 이런 접근은 스킨십으로 고민하는 커플들에게 별 도움이 안 되는 제언이라고 생각해.

형제들에게는 "네가 너무 예쁘거나 섹시해서, 네가 나를 유혹해서"라는 식으로, 자매들에게는 "나는 안 된다고 했는데…… 나는 정말 안 될 것 같았는데…… 오빠가……" 하는 식으로 두 사람 모두에게 **책.임.전.가.**의 퇴로를 열어주는 것 같아. 자매들이 옷을 야하게 입어서가 아니라, 오빠가 너무 원해서가 아니라 "내가 선택한 결과다"라고 인정하는 것이 스킨십의 어려운 문제를 푸는 열쇠가 되지 않을까? 어쩌면 이것은 '나는 어떤 존재인가?'라는 질문과 맞닿아 있는지도 모르겠다. '나는 그리스도 안에서 나 자신을 통제할 수 있는 존재다'라는 정체성을 가지고 있는가 하는 문제 말이다.

무엇보다 두 사람이 이 문제에 대해서 솔직하게 이야기했으면 해. 둘 다 뱀처럼 지혜롭고 비둘기처럼 순결한 연애와 결혼을 꿈꾸는 사람들 아니냐? 자신의 성적 욕망에 대해서 정직하게 대화할 수 있다면 스킨십 문제의 어려움은 반으로 줄어들 거라고 생각해. 솔직한 대화를 통해서 넘지 말아야 할 선을 함께 정하는 것도 좋을 것 같아. 합의된 지점이 있다면 행여 한 쪽의 제어장치가 망가졌을 때 다른 한 사람이 용기를 내서 거절할 수도 있을 테니까. 이미 대화를 통해서 합의된 것이 있기에 그 거절이 은혜가 우려했던 '그 사람 자체에 대한 거절로 오해'되지는 않을 거야. 몸으로는 거절했을지언정 '사실은 나도 당신을 만날 때 손을 잡고 싶고 키스를 하고 싶다. 그러나……'라고 말로 표현할 수 있다면 둘 사이의 신뢰가 더 깊어지고 관계가 더 건강해질 거라고 믿어.

할 수 있다면 은혜가 먼저 이렇게 용기 내서 말해 보렴. 몸으로 가까워지는 것 이상의 친밀함으로 나아갈 수 있을 거야. 자신의 몸이 원하는 것과 영적인 바람을 지혜롭게 분리해서 말할 수 있는 여성은 얼마나 매력적이냐? 정서적인, 영적인 친밀함의 진도보다 몸의 진도가 앞서 나갈 때, 남녀관계는 크든 작든 반드시 균열이 오게 되는 것 같아. 두 사람이 늘 솔직한 대화로 보다 높고 깊은 사랑의 차원을 열어가길 바란다.

선생님의 데이트 시절에 대해서 얘기해 달라고 주문했지? 이렇

게 말은 번드르르하게 하지만 이 문제에 관한 한 그리 높은 점수를 줄 수는 없을 것 같아. 정서적 친밀함보다 앞선 몸의 친밀함으로 갈팡질팡하고, 피차 힘들어하다 헤어짐을 경험하기도 했었고. 은혜가 지금 고민하는 것들을 하나도 피해갈 수 없었단다. 애초 피해갈 수 있는 길도 아닌 것 같아서 시행착오 끝에 둘이서 합의를 본 것이 정직하게 대화하자, 그리고 함께 기도하자였어. 늘 그렇게 하지는 못했지만 만나자마자 그날의 데이트를 위해서 함께 기도했단다. 기도하되 구체적으로 스킨십을 잘 제어할 수 있게 해달라고 기도하기도 했었고, 오늘 데이트는 손을 잡는 것 이상으로 나가지 말자는 약속을 해 보기도 했었고.^^ 그렇다고 늘 성공적이진 않았지만, 그러면서 서로의 연약함도 보고 함께 감당해주는 유익도 있었지. 둘 사이에 힘들고 어려운 문제, 심지어 스킨십과 성문제에 있어서도 너희 사이에서 중보하고 계시는 성령님을 의뢰하길 바란다. 그러면서 두 사람이 로맨틱함과 순결함을 동시에 거머쥐는 멋진 연인이 되어가길 기도하마.

오우~
연애

키스하는 놈,
더 하는 놈,
참는 놈

은혜에게

네 메일을 읽으면서 오래 전 선생님 친구가 했던 말이 생각났다. 소개팅을 하고 얼마 되지 않아서 자연스럽게 결혼으로 무르익는 연애를 하는 친구였지. 어느 날 친구가 그러는 거야. "얘, 얘, 이 남자 좀 이상한 거 같아. 우리가 벌써 만난 지가 얼만데 아직 내 손도 잡지 않아. 남자 맞아? 혹시 날 사랑하지 않는 거 아닐까? 내가 먼저 확 손잡아 버릴까?" 선생님 역시 연애학 박사를 따기 한참 전이라 (^^;;;) 어설픈 맞장구를 치며 그 남자의 속마음에 대해 헷갈려했었어. 이 글을 쓰기 전에 그 친구에게 전화를 걸어서 그때 일을 얘기하고는 서로 킬킬거렸단다. 결혼 10년 차가 넘었으니 이제 와 떠오르는 그런 추억은 웃음이 나올 뿐이지. 은혜에게 도움을 좀 줄 수 있을까 해서 그 친구에게 "왜 그리 오래도록 손도 안 잡고 그랬대냐?" 물어봤어. 남편이 뭐라고 대답을 하긴 했는데 대답이 시시했는지 생각이 안 난다는구나.

그런 문제라면 J에게 직접 묻고 둘이서 대화로 해결하는 것이 제일 좋겠지만 어려운 일이겠지? "왜 요즘 도통 내 몸에 손을 대지 않냐? 손도 잡으려 하지 않는 거냐? 내가 싫어진 거냐?" 이렇게 직접 물어보는 것 말이다. 그래, 은혜의 심정이 충분히 이해가 된다. 정말 마음이 식어서 그렇다는 것을 확인하게 될까 두려운 마음, 여자로서 그런 질문을 하는 것을 허락지 않는 자존심 둘 다일 것 같다. 지난번 메일에서 선생님이 스킨십에 대해선 둘 사이의 솔직한 대화가 중요하다고 일장 설교를 했었잖니. 이번 은혜의 메일을 보면서 교제한 지 얼마 되지 않는 너희에겐 그것이 그렇게 말처럼 쉬운 일이 아니란 걸 알겠다.

말 못할 속병

선생님 메일을 받고 '두 눈 똥그랗게 뜨고 키스한다는 정신'으로 데이트를 했다고? 그러다 너무 강하게 스킨십을 거절하는 몸짓을 하게 되었고 그 이후로 J의 태도가 좀 달라졌다는 거지? 그게 당혹스럽고 자꾸 불길한 상상을 하게 되니 힘든 거지? 그 이유에 대해서는 본인에게 직접 듣는 것이 가장 정확하겠지. 좀 기다려보면 J가 스스로 입을 열어줄 것 같기도 한데……. 그것 외에 전화하고, 대화하고, 데이트하는 태도는 크게 달라진 것이 없다니 하는 말이다. 은혜가

우려하는 것처럼 은혜에 대한 마음이 식어졌다면 단지 손을 잡지 않는다거나 키스하지 않는 것만으로 그 변화된 마음이 드러날까? 일단 선생님이 J의 처지가 되어 본다면 이렇지 않을까 싶네. 은혜가 지난번 선생님의 코치에 심하게 몰입해서 이런저런 상황설명 없이 J를 밀어냈다면 J 역시 당혹스러웠을 거야. 다시 스킨십을 시도하는 게 적잖이 부담이 되겠지. 그런데 단지 그것만도 아닐 것 같아. 선생님이 보기에는 의식적인 노력이 아닌가 싶다.

어찌됐든 은혜의 거절에 대한 배려이고 어쩌면 배려 이상의 자기결단일 수도 있을 것 같아. 결국 두 사람 다 '목적이 이끄는 연애'를 위해서 애써 노력하는 듯 보이거든. 한데 같은 문제에 봉착한 두 사람이 각자 속병을 앓고 있는 것 같아. 지금 서로를 가장 잘 도울 수 있는 건 당사자인 너희 둘이니까 어렵더라도 대화로 맞장 뜨는 수밖에는 없을 것 같다. 용기를 내서 대화해 봐. 관계가 한 단계 업그레이드 될 좋은 기회가 온 거야. 그러니 잘 될 거야, 은혜야.

사랑의 몸부림

언젠가 남자 후배에게 농담 같지만 솔직한 얘기를 들었어. "누나! 남자들에게 성에 대한 강박관념이 어느 정도로 작용하는지 아세요? 젊은 남자들은 평균 10분마다 성적인 생각과 느낌을 갖는대요. 솔직히 10분인지는 모르겠지만 과히 틀리지 않는 것 같아요. 그러니

이 나이에 싱글인 저는 정말 죽음이겠죠? 우허허허허……." 이게 사실이라면 연애를 하면서 키스를 참고, 그 이상의 스킨십을 참는 남자들에게 정말 높은 점수를 줘야 할 것 같지 않니? 그러니까 "너를 정말 사랑하기 때문에 널 만지는 거야"보다는 "너를 정말 사랑하기 때문에 네 몸에 손을 대지 않는 거야!" 이 말이 훨씬 더 힘 있는 고백인 것 같아. 최근 J가 보인 행동을 그런 의미로 본다면 오히려 은혜에게 마음이 식어서가 아니라 더 잘 사랑하기 위한 몸부림일 테니 더 큰 사랑이라고 해석을 하고 싶구나.

현대판 암논

요즘 세상이 어떤 세상이니? 조금만 눈을 맑게 뜨고 보면 이 얼마나 감각 중심, 느낌 중심의 세상인지 말이다. 요즘 같은 세상에 로맨틱과 순결 사이의 아슬아슬한 경계선에서 최소한의 갈등의 끈을 놓지 않는 남자가 얼마나 될까? 몸매가 날씬한 것은 단지 '예쁘다'는 미의 기준을 넘어서 '착하다'는 도덕적 잣대로까지 표현되는 예우를 받고 있지 않니? 여성들의 날씬한 몸매(결국 섹시한 몸매?)가 착한 몸매인 세상이니 형제가 자매를 전인적으로 바라보기가 얼마나 힘든 세상인지 모른다. 그러다 보니 알게 모르게 자신이 사귀고 있는 여자에 대해서도 전인격적인 관심보다는 자연스레 몸에 더 많은 관심을 두게 되는 것 아닌가 몰라. 교회 안의 형제들도 크게 다른 것 같지 않더라. "애정전선에 어찌 고리타분한 성경의 원리원칙만 고스란히 들이댈 수 있냐? 좀 더 시대에 맞는 이성교제론이 필요하다"면서 결정적인 순간에 슬쩍 신앙과 행동을 분리시키는 형제들이 많지 않니? 아닌가?

가능성이 있는 시나리오를 하나 엮어보자면 여자의 몸에만 지대한 관심을 두던 남자가 결국 그 몸을 차지하고 나서 관심과 흥미가 급 하강하게 되는 것은 꼭 다말을 강제로 얻은 암논 같은 경우라고 보면 될 듯해. (시대가 달라졌어도 남녀관계의 역학은 달라지지 않는 것이 있는가 보다. 사무엘하 13장을 쉬운성경으로 한 번 읽어 보겠니?) 자신의 몸을 허락하지 않으면 남자친구가 금방 자신을 떠날 것 같은 두려움 때문에 (또는 나를 사랑하기 때문에 그렇게 나를 간절히 원하는데 외면할 수 없어서) 내어줌으로 결국 남친의 마음까지 잃고 마는 신파조의 이야기는 드라마에만 있는 것 같지는 않아. 결국 여자의 처지에서도 좀 더 높은 사랑의 길은 지킬 건 지키는 마치 뒤떨어져 보이는 방법이라는 거지. 과감히 거절하고 "내가 그렇게 쉬워 보여? 나 어려운 여자야. 오빠!" 하며 애교 만빵의 미소 한 번 날려 주는 거야.^^

지킬 건 지키기

한창 뜨거운 커플에게 이런 얘길 하는 게 좀 그렇지만, 혹 헤어지게 될지 모르는 내일을 위해서도 피차에 지킬 건 지켜야 한다고 생각해. 연애는 결혼도 전제해야 하지만 현실적으로 결혼하기 전까지는 헤어짐도 염두에 두어야 하는 것 같거든. 마음으로는 이 사람 아니면 안 될 것 같고 꼭 이 사람과 결혼하게 될 것 같지만 남녀관계는 결혼식장에서 딴~딴따단~ 하며 입장하는 걸 봐야 아는 거라고 하잖아. 행여 너희 둘은 그럴 일이 없을 거라 믿고 바라지만 가능성을 제로로 둘 수는 없는 것 아니겠니. 이런 인식은 데이트에 목숨 거는 것을 막아주면서 어떤 면에서는 더 건강하게 데이트하도록 도울 수도 있어. 육체의 깊은 친밀함은 헤어지고 났을 때 더 큰 상처를 남기게 되는 것 같거든. 하지만 그렇다고 헤어질 것을 염려하여 최선을 다해 사랑하는 모든 태도를 주춤거리란 얘기가 아닌 건 알지?

키스하고 싶은 걸 참는 사랑, 다 허락하고 싶지만 자신을 통제하며 상대방을 다독이는 지혜, 둘 다 말로 할 수 없이 귀한 거다. 특히 참을 줄 아는 남자를 애인으로 뒀다는 것은 행운 중에 행운이라고 생각한다. 참을 줄 아는 남자는 믿을만한 남자야.^^

문자 씹는 남친,
집착 말고 사랑하기

집착이 피어오를 때

 문자를 씹어? 이 총각 이거 여친 관리 너무 살살하시네. 게다가 전화통화도 그리 잘 안 된다는 거야? 연락이 닿지 않아서 기다리는 순간은 참 힘이 들지. 나중에 보면 별 일이 있었던 것도 아니고 다 이해할 만한 이유라 할지라도 말이야. "믿어 달라"고 말한다지만 때론 말보다 행동이 강한 메시지로 다가올 때가 있으니까 "그럼에도 불구하고 매번 불안하고 힘들다"는 것, 이해가 돼. 한두 번 있었던 일이 아니라 반복되는 일이라니 누구라도 너처럼 예민해질 수 있을 것 같다. 그러니 네 느낌에 대해서 '맞는/틀리는, 정상적인/비정상적인'이라는 잣대로 재면서 힘들어 하지 않으면 좋겠구나. "제가 좀 비정상적인 건가요?"라는 질문에 단적으로 대답하마. "아니, 비정상적이지 않아!"^^

 선생님이 이렇게 단적으로 대답을 해도 마음에 드리워진 어두운 그림자는 잘 사라지지 않지? 전화 연결이 안 되는 순간, 문자가 씹히는 순간, 그 순간엔 정말 아무 일도 손에 안 잡힌다는 거지. 혹시나 오늘 저녁에 만날 수 있을까 해서 시간을 비워뒀는데 그럴 수 없다는 걸 막판에 알게 될 때의 당혹감, 그리고 그 시간을 혼자 보내야 할 때 뭘 해야 할지 몰라 방황하는 너 자신이 싫다는 말에서 선생님은 은혜 마음에서 들리는 소리를 하나 잡아냈다. 그것은 '집착'과 '사랑' 사이에서 건강한 사랑의 태도에 머무르고 싶어 하는 은혜 내면의 목소리인 것 같아. 사랑하는 사람에게 어느 정도 집착하게 되는 것, 사랑하는 사람에게 어느 정도 스스로 자발적인 구속이 되는 것이 뭐 그리 문제가 되겠니? 한데 지금 은혜의 마음처럼 뭔가 계속 불편하다면, 그 집착과 자발적인 구속이 마음에서 평안을 잃게 하는 원인이 된다면 한 번쯤 돌아봐도 좋은 일인 것 같아.

집착을 가늠하는 잣대, 자유

집착이 사랑의 또 다른 이름이라면 집착 그 자체는 문제가 아닐 거야. 그런데 이 집착이 건강한 것인가 그렇지 않은 것인가를 가늠하는 좋은 잣대가 하나 있는데 바로 '자유'가 아닌가 싶어. 좀 다른 얘기이지만 전문가들이 흔히 '중독'에 대한 진단이나 설명을 할 때 이 '자유'를 얘기하더라. 어떤 것에 대해 보다 강렬한 느낌을 갖게 되는 것과 중독되는 것 사이의 큰 차이가 바로 '자유'라는 거야. 보

낸 문자에 대한 답이 즉시 오지 않을 때, 이유 없이 통화가 되지 않을 때, 데이트하면 좋을 듯한 시간을 그냥 보내야 할 때 은혜 속에서 일어나는 불안이 혹 은혜 자신의 자유를 침해하지는 않는지 생각해 보길 바란다. 은혜가 이 일로 선생님에게 메일을 보낸 이유는 단지 그런 시간들이 불편해서가 아니라 그 시간에 안달하는 네 자신이 싫다는 말이잖니. 은혜가 민감한 사람이기 때문에 사랑과 집착의 아슬아슬한 경계선에서 집착으로 빠질 수 있는 자신을 인식하게 된 것이 아닌가 싶다. 굳이 선생님이 뭔가 얘기해 주지 않아도 그런 정서적, 영적 민감함은 결국 은혜의 사랑을 건강하게 유지시켜 줄 것이라 믿는다. 물리적으로 홀로 있는 시간까지 애써 너를 J에게 묶어두지 않으면 좋겠구나.

아름다운 자유를 누리며 사랑하기

결별을 하는 적잖은 커플들에게 있어 그 자체가 원인인지 결과인지 정확하지 않지만 자매들의 집착(또는 그 반대로 형제들의 집착)으로부터 감지되는 경우가 많은 것 같아. 청소년들에게 "어디야?" 하고 엄마가 보내오는 문자는 스팸문자 취급인 것처럼, 혼자 있기 힘들어 하는 애인에게서 오는 "어디야?"도 같은 취급이 아닌가 모르겠구나. 중요한 것은 홀로 있는 연습이 잘 된 사람이라야 둘이 같이 있을 때 분명히 제대로 된 사랑을 할 수 있다는 거야. 네 말처럼 처음

에는 하루가 멀다 하고 만나고 끊임없이 문자를 주고받고 했지만 너희에겐 이제 '따로 또 같이'를 잘 연습해가야 하는 시기가 왔는지도 몰라. 상대적으로 바쁜 J보다 네가 이런 저런 여유가 많은 편이니까 함께하고픈 마음이 충분히 채워지지 않아서 힘들기도 하지? 너도 J가 남달리 자신의 일을 사랑하고 그 일에 열정적인 것을 익히 알고 있을 거야. 너 스스로 J의 매력 중 하나라고 말한 적이 있었지? 그런 J를 믿어주고 무엇보다 너 역시 너의 따로 있는 시간을 온전히 너로 지낼 수 있도록 훈련을 하면 좋겠다. 언제 데이트가 있을지 몰라서 끊었다는 퇴근 후 운동도 다시 시작해 보고 말이야. 뭐 넉넉한 시간을 혼자 잘 때우라는 얘기가 아니라 홀로서기를 잘 하라는 얘기고, 또 남자친구를 어느 정도 상대화할 수 있어야겠다는 거야(고린도전서 7장 29절을 깊이 묵상해보면 좋겠다).

그럴 리 없겠지만 노파심에서 짚고 넘어갈게. 우리 삶에서 '절대, 이것만은' 하면서 꽉 붙들고 있는 것이 있다면 그것은 여지없이 내 마음의 왕좌를 꿰차게 되고, 왕좌에 앉은 그것은 하나님을 대신하게 되는 것 같아. 폭발적인 감정 반응으로 모든 걸 포기하고 달려드는 사랑만이 진짜 사랑인 양 호도하는 '러브홀릭 지상주의'에 속지 말자. 하나님이냐 남자친구냐, 뭐가 더 중요하냐를 묻는 말이 아니란다. 갖다 댈 수도 없는 마음의 왕좌에 남자친구(여자친구) 또는 로맨틱한 사랑을 앉혀 놓고 불안에 떠는 친구들을 많이 봤어. J를 사랑하되 J도 네게 요구하지 않는 구속을 스스로 하지 말고 아름다운 구속 대신 아름다운 자유를 누리며 사랑하면 좋겠어.

표현의 차이를 넘어서

아! 그리고 전화랑 문자 씹는 얘기 말이다. 선생님이 5년 만에 터득한 삶의 지혜를 하나 전수하마. 선생님이 데이트 시절부터 특히 신혼 초에 늘 걸려 넘어지곤 하던 문제가 남편과의 전화였어. 어디 뭐 연인끼리 또는 신혼인 신부가 남편에게 전화하는 게 용건이 있어서만 하는 거겠니? 낮에 일하다가 문득 보고파져서 전화를 하면 이 놈의 남편이 열이면 열 늘 시큰둥한 거야. 용건이 뭐냐는 거지. 용건?! 별다른 용건이 없으니 뻘쭘할 밖에. "왜 전화했어?" "어? 그냥. 점심 먹었어? 뭐 먹었어?" "그냥? 나 지금 바쁘니까 나중에 통화해." 이런 식의 반복이었단다. 늘 당하면서도 또 하고, 하고 나서 상처를 받고 "내가 다시는 전화하나 봐라" 하고 결심했다 또 하고…….

결혼하고 3년이 지나서야 "우리 남편은 한 번에 여러 가지를 못하는구나"를 깨달았단다. 나는 전화 받으면서 얼마든지 하던 일을 할 수 있거든. 남편은 일을 하다 전화통화를 하면 다시 일 모드로 전환하는 데 에너지가 많이 든다는 거야. 전화를 하면 퉁명스럽고 문자를 보내면 묵묵부답이고 이런 것들이 사랑하지 않아서가 아니라는 걸 안 거지. 그래서 그때 이후로 결심했어. "남편을 사랑한다면

그 어떤 사랑의 표현보다 전화를 자주 하지 않는 것으로 배려를 하자." 이렇게 말이야. 그러다 보니 요즘은 "당신 나한테 전화 좀 하고 그래" 하는 말을 들으면서 쾌재를 부르기도 한다.^^

　선생님이 보기에 J가 즉시 답을 못하는 이유는 그런 이유일 가능성이 많아. 일이 바빠서 놓쳐 버리고 은혜를 섭섭하게 한 것에 대한 미안한 마음에 '다음부터는 그러지 말아야지' 하면서도 어쩔 수 없이 같은 실수(?)를 반복하게 되는 것 말이야. 슬쩍 다시 한 번 물어보는 게 좋겠다. 네게는 매번 변명같이 들린다던 "바빠서"가 반은 정답일 거고, 반은 J의 성격과 기질 탓일 거야. 문자에 온통 하트나 스마일 이모티콘을 날리는 사람이라고 꼭 따뜻한 사람이라는 보장은 없지 않니. 또 가끔 문자 씹어 주고, 답신을 해도 "예, 아니오"로 간단하게 끝내는 사람들이 만나 보면 따뜻한 표정과 배려를 보여줄 때가 있잖아. 통신매체가 가진 의사소통의 한계일 수도 있고.

　오래 오래 가는 큰 사랑을 만들기 위해서는 너 자신을 돌아보고 그의 행동이 아니라 중심을 이해하기 위한 노력이 필요한 것 같아. 이런 일들이 좋은 계기가 될 것 같아서 선생님은 오히려 기쁘구나.

　올해 성탄절과 연말연시는 드디어 은혜가 늑대 목도리를 두르고 거리를 누빌 수 있게 됐네.^^ 사랑의 왕으로 오신 아기 예수님이 너희 사이에 가장 좋은 중매자로 함께하실 것을 믿고 기도드린다. 샬롬!

매력녀 되기,
왕도가 있다? 없다?

우와, 정말 따뜻한 성탄절과 연말을 보냈구나. 역시 겨울 추위에는 늑대 목도리가 최고야.^^ J가 다행히 연말에 많이 바쁘지 않았구나. 무엇보다 솔직하게 대화할 시간이 많아 그간 쌓인 오해도 풀었다니 모처럼 선생님도 마음이 가볍다. 이젠 문자 한두 개 씹혀도 이해할 만한 거지?^^ 네 말대로 한 번 소용돌이를 겪고 나면 더 잘 알게 되고 더 친밀해지는 게 맞는 것 같아. 갈등과 위기를 한 고비씩 넘기면서 둘 사이가 더욱 견고해지리라 생각한다.

아! 그때 그 K군~

K군 말이냐? 선생님도 기억하지. 기억하고말고. 아마 은혜가 선생님과 메일을 주고받게 된 것이 K군 때문이 아니었니? 작년 이맘때쯤이었나? 은혜를 설레게도 했고, 또 그로 인해서 많이 아파하기도 하지 않았었니. 한데 K군이 교제하던 사람과 헤어졌다고? 그러면서

은혜에게 다시 정식으로 대시를 했다니 생각지도 못했던 일이구나. 선생님이 체통을 지켜야 하는데 왜 이리 쌤통 웃음이 배슬배슬 멈추질 않고 새어나오는 거냐.^^;;;

수개월 전, K의 거절 때문에 "제가 좋아하는 사람은 꼭 저를 안 좋아해요. 저는 쌍방통행의 사랑을 영영 못할 것 같아요" 하면서 힘들어하던 생각이 나는구나. 낮아진 자존감으로 은혜가 힘들어할 때 선생님도 참 마음이 아팠었지. 딱히 K가 잘못을 한 것은 아니었기에 네 앞에서 크게 내색은 안했지만 선생님도 괜스레 미운 맘이 들었었다. 이제 그때와 정반대의 상황이 되어 거절의 카드를 은혜가 내밀게 되었다니 이걸 어떻게 생각하면 좋으냐. K군이 그때의 은혜 너만큼일지는 모르겠지만 아무튼 지금 힘들 텐데, 한 치 걸러 두 치라고 뭐 선생님은 기분이 쫌 좋을 뿐인 거……. 어쩔 수 없구나.ㅎㅎ

감정에 휘둘리지 않은 모습이 대견해

사실 선생님이 이렇게 기분이 좋은 건 은혜가 K군에게 똑같이 되갚아 주는 기회를 얻게 됐다는 것 때문은 아니란다. K의 거절로 힘들어할 때 선생님이 그런 부탁을 했었잖니. 저자세도 고자세도 아닌 정자세로 거절을 당하라고. 그리고 할 수 있다면 전과 다름없는 친절로 K를 대하라고 말이야. 그때 은혜는 "그럴 수 없다. 마음이 그렇게 되질 않는다"고 했던 것 같아. 그래서 선생님이 더 얘기하지는 못했었다. 하지만 결국 은혜가 힘들었음에도 불구하고 행동으로는 그렇게 했다는 거잖아. 이번에 K가 그랬다면서? 같은 공동체 안에서 K의 교제를 지켜보면서 분명 힘들었을 텐데 한결같은 모습을 보여주는 것에 감동을 받았고, K와 함께해야 했던 찬양팀이나 청년부 모임을 피하지 않고 여전히 잘 섬기는 모습이 볼수록 아름답게 느껴졌다고. 그 말에 선생님도 감동 받았어. 은혜에게 칭찬 많이 해주고 싶다.

　　선생님이 누구보다 잘 알잖니. 은혜가 그 일로 얼마나 힘들어했는지, 또 그런 시련을 허락하신 하나님을 원망하고 싶은 마음에 많이 흔들렸던 것도 말이야. 마음이 그렇지 않은데 그 자리를 지키고 앉아 있는 것이 무슨 의미가 있냐고 청년부를 떠나고 싶다는 얘기를 했던 기억도 난다. 그런대도 그 이후 K를 대하면서 공동체를 섬기는 너의 말과 행동이 한결같았다는 것을 확인하니 정말 대견스럽구나. "마음에도 없이 억지로 자리만 지켰을 뿐이고, 스스로 가면을 쓰고 있다는 생각에 힘들다"는 말. 이해가 간다만, 그렇다 해도 참 잘한 거야. 네게는 분명 너의 자리를 지키고 싶은 마음도 있었고, 아예 청년부를 떠나 피해버리고 싶은 마음도 있었잖니. 그 두 마음 중에 너의 자리를 지키기로 선택한 건 바로 너니까.
　　사람들이 보통 그렇지만 특히 너희 세대는, 이렇게 말하면 선생님이 너무 늙은이처럼 느껴져서 좀 그렇긴 하다만, "내가 좋아서 한다는데, 내가 싫다는데" 하면서 감정이 삶의 모든 걸 이끌어가는 듯 보일 때가 있어. 현재의 감정에 충실하지 않고 오히려 감정에 반하는 행동에 대해서는 무조건 가식과 위선으로 치부하거나 말이야. 그렇기에 이런 저런 감정의 굴곡에도 불구하고 늘 한결같은 모습을 유지하는 청년을 찾기가 더욱 어려운 것 같아.

진짜 매력은 인격에서 묻어나오는 거야

K가 자신이 거절한 은혜가 정자세로 거절당하는 모습을 보면서 새롭게 끌렸다는 것은, 이성에게 매력 있는 사람이 되고 싶은 사람들에게 꼭 알려주고 싶은 노하우다. 미혼의 청년들에게 있어 이성에게 매력적인 사람이 되고자 하는 건 가장 큰 바람 중 하나일 거야. 그렇지만 그 열망에 사로잡힌 나머지 기복이 심한 감정과 조절이 안 되는 행동으로는 오히려 자신이 원하는 반대의 결과를 낳는다는 걸 알면 좋을 텐데. 쉽게 말해 누군가에게 잘 보이고 싶을 때와 그럴 필요가 없을 때의 모습이 영 다른 경우 말이다.

가령 청년부의 어느 한 자매가 있다고 치자. 갑자기 전에 없던 열심을 내고 눈에 띄게 공동체를 잘 섬기는 경우 형제 한 명을 마음에 담고 있는 경우가 있더라. 그리고 일이 잘 돼서 찍었던 그와 교제라도 하게 되면 그야말로 공동체를 세우는 밝은 역군이 되는 거지. 반면에 원하는 대로 되지 않았을 때, 누가 봐도 알 수 있게 예배도 시들, 교제도 시들, 삶의 태도에도 시큰둥해버리는 거야. 백 번 이해가 가는 일이지만 누구라도 그런 사람에게 매력을 느끼기는 쉽지 않을 거야. 환경에 그리 쉽게 영향을 받는 그 예배나 섬김이 과연 진실한 예배였는가 하는 식의 논의는 차치하고 말이다.

"자신의 슬픔과 기쁨을 어떻게 잘 조절해가면서 항상성을 유지할 수 있는가?"는 사람의 성숙도를 가늠하기 위한 좋은 척도가 된다고 해. 그렇게 본다면 은혜가 보여줬던 모습은 단지 노하우나 기술이 아니라 인격적 성숙이라고 하는 게 옳겠구나. 매력 있는 사람이 되는 기술이 따로 있을까? 사람마다 타고난 성향이 다른데 말이야. 결국 각자의 인격과 신앙에서 묻어나오는 매력이 진짜 매력일 거야. 인터넷에 떠돌아다니는 "남자를 사로잡는 여자의 매력 열 가지" 이런 것들을 읽어 보면 말은 참 그럴듯해. 하지만 사람이 사람에게 끌리는 것이 방법을 배워서 되는 것이면 얼마나 쉽고 좋겠니. 그걸 기술처럼 가르친다 한들 하루아침에 배워 자기 몸에 딱 붙일 수 있겠냐는 거지. 설령 그런 기술들을 익혀서 말하고 행동해 사람을 낚았다한들 과연 오래 갈 수 있을까도 의문이니 말이다.

K군 덕분에 확인한 매력녀 은혜를 칭찬하다 보니 얘기가 길어졌다. 이제껏 그래왔던 것처럼 우리 은혜가 사랑 깊은 가르침에 귀 기울이며, 속사람을 더 진실하고 아름답게 가꾸어 올해도 더욱 매력 있는 아가씨로 성숙해가길 기도한다. K군과의 만남은 이렇게 어긋

나고 말았지만 K 역시 내면의 아름다움을 볼 줄 아는 눈을 가진 청년이니 좋은 자매를 만나게 될 거야. 그건 그렇고 새해에는 어떻게 국수를 얻어먹게 되는 것이냐?^^

싸우라!
동물농장과 쥐라기 공원이 오기 전

은혜에게

존경하는 장로님이 한 분 계셔. 사회적으로나 교회적으로 저명한 분인 만큼 주례 부탁을 자주 받으시나보더라. 그 분이 쓰신 책에서 이런 얘기를 읽은 적이 있어. 결코 주례를 보지 않으시는 커플이 있는데, 이렇대. 함께 사계절을 지내보지 않은, 즉 교제한 지 1년 미만의 커플인데, 예외가 있다는 거야. 1년 미만의 짧은 시간 동안 교제했다 하더라도 헤어짐을 고려할 만큼 심각하게 싸운 적이 있다면 OK래. 길게 교제하지 않았거나, 싸워보지 않은 커플의 결혼식을 집례하는 것은 주례자로서 책임 있는 태도가 아니라는 거였지. 그러니까 오랜 연륜을 통해서 그런 커플은 깨질 확률이 크다고 생각하시는 것 같았어. 주변에 보면 만난 지 몇 개월 안돼서 초고속으로 결혼에 골인하고도 잘 사는 부부들도 없지 않다만 장로님의 지혜에 백 번 동의한다. 그런 의미에서 너희 둘이 대판 싸웠다는 소식이 그리 나쁘지는 않구나. 싸움 후에 피차 연락두절 상태라니 답답하고

속상한 마음 말할 수 없겠지만 소망을 가져라. 앞뒤 문이 꽉꽉 막힌 것 같고 서로가 닿아 만날 지점이 없는 것처럼 보이지만 선생님이 확신컨대 잘 싸운 싸움은 결국 더 깊은 소통을 열 거야. 지금 불난 집에 부채질 하는 거냐고? 그래. 부채질인 걸 알지만 이게 선생님의 솔직한 마음이란다.

먼저 전화를 해야 하는 건지, 아니면 기다려야 하는 건지, 누가 잘못을 했든 남자가 좀 먼저 풀어줘야 하는데 계속 저러고 있는 건 너무 쪼잔한 게 아닌지, 시한을 두고 기다려봤다가 연락이 안 오면 이번에 끝내는 게 낫지 않겠냐는 것 등의 네가 물어온 여러 질문에 대해서는 일단 노코멘트다. 사실 잘 생각해 보면 그에 대한 답은 이미 은혜 안에 있어. 네 표현대로 앞뒤 문이 꽉꽉 닫혀서 빛이 들어올 틈이 없는 마음에서 온갖 상상을 다 하게 될 거야. 결혼을 하고 10년이 된 부부 사이에도 잠시 갈등이 불거져서 냉전이 시작되면 오만 가지 상상으로 소설 한 편을 금새 쓰는데 너희야 오죽하겠니. 커플들에게 있어 싸우고 나서 서로 차갑게 보내는 시간처럼 고통스러운 순간은 없겠지만 힘들더라도 혼자서 너무 많은 상상의 나래를 펴지는 않으면 좋겠다. 그 상상이라는 것이 대개 지금 곁에 있지도 않는 J에게 다 하지 못한 얘기를 따져 묻거나, 다 하지 못한 네 자신을 변호해 보거나, 아니면 앞으로의 일에 대해 최악의 상상을 하는 것이 대부분인 것 같은데 말이야. 그렇다고 지금 같은 상황에서 차분하고

냉철하게 자기반성이나 하라는 얘기도 아니야. 그저 지나친 생각의 널뛰기로 일을 더 부정적으로 만들지는 말자는 거야.

동굴 입구에서 기다리거나 잡으러 들어가거나

J가 보여주는 지금 모습이 네가 책에서 읽었다는 "남자들은 힘들 때 자신만의 동굴로 들어간다"는 표현에 들어맞는 것 같기도 해. 은혜는 이렇게 선생님과 메일을 주고받으면서 너의 얘기를 밖으로 내보내지만 어쩌면 J는 문제를 혼자 안고 시간을 보내고 있을 것 같으니 말이야. 지금 은혜의 얘기는 그렇게 동굴로 들어가 버린 J가 실망스럽다는 얘기잖니. 흔히 말하는 이해심이 많아서 웬만한 갈등은 알아서 먼저 탁탁 풀어주면 좋겠다는 거지? 더 큰 바람은 J의 마음이 태평양 같이 넓어서 웬만한 일은 싸움도 되지 않았으면 한다는 거 아냐?

어쩌면 지금 은혜는 싸움의 내용보다 싸우고 나서 남자답게(?) 먼저 나서서 풀어주기는커녕 감감무소식으로 잠수를 타고 있는 것이 실망스러운 것 같구나. 글쎄다. 남자고 여자고 간에 이런 경우 상대방이 먼저 손 내밀어 주길 바라는 마음은 같지 않을까? J 역시 은혜가 먼저 손 내밀어 주길 기다리고 있을지 모르고, 설령 동굴로 들어갔다 한들 거기서 안 나오겠다는 것이 아니라 어떻게든 갈등을 해결할 방법을 찾고 있는지도 모르는 거 같아. 네가 읽었다는 책의 요지는 사랑하는 방식이 남자와 여자가 다르다는 얘기를 하고 싶었던 거지, 거기서 제시하는 방식이 모든 사람에게 똑같이 적용된다는 뜻은 아니었을 거야. 그러니까 지금 J의 행동을 '동굴로 들어갔다'는 식으로 일반화하기보다는 너와 J, 둘 사이에 문제를 해결하는 방식에 대해서 집중하는 것이 좋을 것 같구나. 모든 남자가 그런 것처럼 J도 동굴로 들어갔다고 치자. 동굴로 들어간 어떤 남자는 시간만 주면 스스로 털고 나올 때까지 기다려 줘야 할 것이고, 또 어떤 남자는 숨어들어간 동굴로 찾아들어가 손잡고 함께 나와 줘야 하지 않겠니? 아니면 대부분의 남자들은 그 두 가지 마음을 다 갖고 있지 않을까?

문제는 너와 J 사이에 어떤 방식의 해결이 제일 적절하겠냐는 거야. 이 부분에 대해서 선생님이 딱히 답을 주기는 어렵다. 중요하지만 극히 평범한 원칙, 즉 둘이서 반드시 솔직한 대화를 하렴. 대화 없이 얼렁뚱땅 관계를 회복하지는 말아라. 만약에 너희가 부부라면 가급적 잠자리에 들기 전에 화해를 해라. 이 정도? 싸움 해결은 너희 둘만의 방식이 있을 것 같아. 남들이 모르는 너희 둘 만의 은밀한 사랑의 대화가 있듯이 말이야. 실타래처럼 끝없이 풀려나오는 상상을 접고, 서운한 마음은 가라앉히고 사랑의 언어보다 더 중요한 싸움과 화해의 언어를 찾기 위해 기도하며 고심해 보기를 권해. 둘만의 이 언어를 찾아내는 것이 진정한 사랑의 길로 가는 길목일지

도 몰라. 그래서 잘 싸웠다는 얘기다. 갈등이 불거지지 않고는 두 사람의 가장 약한 부분에서 나오는 언어들을 이해하고 받아들이는 방식을 배울 수가 없거든. 그러니 주변에 도통 싸움이 안 되는 남친과 사귀는 애들을 부러워하지 말고 잘 싸우고 잘 화해하는 남친이 최고의 남친인 줄 알거라. 물론 잘 화해하는 것이 이제 너희에게 남겨진 숙제이긴 하지만 잘할 거라 믿어.

동물농장이거나 쥐라기 공원이거나

설교에서 들은 예화란다. 어떤 예비부부가 평소 존경하는 선배 부부를 찾아갔대. 가서 결혼 생활에 대한 조언을 해달라고 했다는구나. 그랬더니 선배가 하는 말이 "결혼 생활은 더도 덜도 아니고 동물농장이다"라고 하더래. 결혼하기 전에는 자기 안에 이렇게 날카로운 발톱과 동물적 본능이 숨어 있는지 몰랐다는 거야. 것도 가장 사랑해서 같이 있지 않으면 죽을 것 같았던 여인에 대해서 말이야. 선배의 얘기에 도통 수긍을 할 수 없었던 예비부부가 고개를 가로저으면서 돌아갔단다. 그리고 몇 년 후, 다시 그 선배를 만나게 되었대. '결혼은 동물농장'이라는 말을 해독하지 못했던 그 후배가 선배한테 그랬대. "선배님! 결혼이 무슨 동물농장이에요? 제가 살아보니까 완전 쥐라기 공원이던데요!"^^

아무리 행복하다고 하는 부부라 할지라도 결혼 생활을 해 본 사람이라면 고개가 끄덕여지는 얘기야. 교제를 처음 시작할 때만 해도 너와 J 사이에 이렇게 심각한 기류가 흐르는 날을 상상이나 할 수 있었니? 우리 모두 온전하지 못한 사람이기 때문에 아주 가까이에서 오래 볼수록 바닥이 드러나게 돼있지 않냐. 또 내 바닥 드러나는 생각은 안 하고 남의 바닥만 나무라게 생겨먹다 보니 내 속에 숨어 있던 늑대 이빨, 곰 발바닥이 다 드러나는 거지 뭐. 이것이 결혼의 현실이란다. 무섭지? ㅎㅎ

잘 싸우고 얻는 것

서두에 얘기한 장로님의 주례 원칙에는 이런 깊은 뜻이 있을 거야. 드물게 "우리는 싸움을 몰라요" 하는 부부가 있는데 그런 얘기를 들으면 살짝 부럽기도 하지만 솔직히 믿어지지는 않아. 아마 '싸움'을 어떻게 정의하느냐의 문제가 아닐까. 결국 어떤 식으로든 갈등은 있게 마련이지. 단지 싸우지 않는 것만이 지상 목표가 되어 외면의 평화만 유지하는 것과 비교할 수 없는 유익을 주는 게 부부나 연인 사이의 다툼이야. 특히 연애 기간에 잘 싸우고 잘 화해해 본 경험 없이 결혼하면 더 문제가 되는 것 같아. 연애 기간의 싸움은 '정 안 맞으면 헤어지면 된다'는 비상구가 있는데 결혼은 막다른 골목처럼 느껴지거든. 막다른 골목에서 쉽사리 해결이 안될 때 부부들 대다수가 선택하는 길이 뭐겠니?

    은혜의 갑갑한 마음을 알면서도, 또 이런 얘기가 결혼에 대한 핑크빛 환상에 먹칠하는 것임을 알면서도 선생님이 불난 집에 부채질을 좀 했다. 기도하면서 지혜로운 화해를 준비해 보렴. 시간이 지나면 이쪽이든 저쪽이든 먼저 살짝 창문이 열릴 것이고, 따라서 나머지 창문이 빼꼼히 열리고 그러다 두 마음의 창이 다시 활짝 열릴 거야. 꽁꽁 닫혔다가 다시 열린 창문 사이에 부는 맞바람은 예전에 맛본 시원함과 비할 수 없을 거야. 그런 시원한 바람 맞아 봤니? 그런 시원한 소통을 해 봤니? 안 맞아 봤으면 말을 하지 마~ㅎㅎ 힘내고 잘 지내!

연애냐 진로냐?
결혼이냐 일이냐?

　벌써 졸업이구나. 축하한다, 은혜야. 이렇게 어려운 때 사회에 첫 발을 내딛게 되었구나. 은혜랑 계속 메일을 주고받긴 했지만 연애에 관한 얘기만 하느라 진로에 관한 얘기를 많이 나눠보지 못했네. 언젠가 네가 졸업 후에도 일단 계속 공부하고 싶다고 했던 걸로 기억한다. 해서 바로 대학원에 진학하는 것으로 알고 있었는데 네게 다른 선택의 여지가 생긴 거구나. 큰 회사는 아니지만 취업의 기회도 있고, 그로 인해서 대학원 진학은 한 학기 미뤄놓은 상태라고? 그리고 이번에 2년 정도 어학연수를 다녀올 기회도 생겼다니 중요한 선택의 기로에 서 있는 게 맞는 것 같구나. 그런 상황에서 J와의 교제나 더 나아가 결혼에 관한 부분까지 고려하지 않을 수 없으니 '이중 삼중 꼬인 선택의 상황'이라는 네 메일 제목이 딱이네. 아무튼 선생님도 선뜻 뭐라 말하기가 어렵구만. 게다가 하나님의 뜻을 선생님한테 물으니 선생님이 갑자기 하나님이 될 수도 없고 상당히 난감해지는데.^^ 잘 선택하게 될 거야. 선택의 결과보다 선택해가는 과정에서

은혜가 자신의 삶의 주체자로서, 그러나 주관자이신 그분을 인정하면서 한 걸음 성숙해지는 기회가 될 거라 믿는다. 어젯밤 네 메일을 확인하고는 오늘 새벽기도에 가서 내내 기도하면서 은혜를 생각했단다. 은혜를 생각하며 하나님의 은혜를 구했어.^^

자신의 선택이 중요해

은혜가 물어온 얘기를 하나씩 짚어 보자꾸나. "사실 제가 남자라면 지금 상황에서 '선택'하기가 훨씬 쉬울 것 같아요. 저는 결혼을 앞둔 여자로서 어떻게 해야 하는지 제일 고민스러워요. 저 자신의 소명을 발견하는 것과 당장 오빠와의 교제, 나아가 결혼 사이에서 양자택일을 해야 한다면 어떻게 하는 것이 옳은 걸까요?"라고 했지. 네 말처럼 네가 당장 정식 프러포즈를 받은 상태는 아니지만 그런 고민을 한다는 것이 충분히 이해가 간다. 당당하게 네가 하고 싶은 대로 선택하시 못하고 교제와 결혼에 너 낳은 비중을 두고 살팡질팡하는 너 자신을 J에게조차 들키고 싶지 않다는 솔직한 고백이 공감이 돼. 게다가 J는 어떻게든 은혜가 원하는 선택을 하라고 한다니 그게 고맙기보다는 서운한 거지? 은혜의 메일에서 서운함이 많이 묻어난다. 서운함 뒤에 숨은 은혜의 기대도 추측이 되는데, 맞니? J가 "어학연수는 포기하고 일단 취업하고 그 이후에 대학원에 진학하라"고 붙잡아줬으면 좋겠지? 모든 선택권이 은혜에게 있는 것처럼 구경만 하는 J의 태도가 "아무래도 상관없다"는 것 같아 보여서 섭섭한 것 같네.

그런 갈등에 부딪히는 건 선생님에게도 낯선 일이 아니다. 일단 J와의 교제와 결혼에 관한 건 접어두고 은혜 자신의 소명에 대해서 먼저 생각해 봤으면 싶구나. 지금 은혜는 정서적으로 교제와 결혼 쪽에 많은 에너지를 쏟고 있는 것 같아. 지금 시기에 아주 중요한 한 축이기는 하지. 한데 사실 소명의 문제 역시 결혼만큼이나 평생을 좌우하는 중요한 일이라는 생각이 들거든. 은혜의 바람대로 J의 강권에 의해서 어학연수를 자연스레 포기하면 선택이 쉬워지기는 하지만 단지 고민 없는 선택이 은혜가 진정으로 바라는 바는 아닐 거야. 단적으로 말한다면 취업을 하든, 대학원 진학을 하든, 어학연수를 떠나든 J를 비롯한 다른 사람의 결정이 아니라 은혜 자신의 선택이 되어야 할 것 같다. 그것은 여자든 남자든 마찬가지란다. 그런 의미에서 J군이 원하는 바가 없지 않겠지만 적극적으로 의사표명을 하지 않는 것이 은혜에게는 더 좋은 일인지도 모르겠어. 여자들에게는 약간 그런 로망이 있는 것 같아. 이런 상황에서 영화에 나오는 어느 남자 주인공처럼 "너는 내가 책임진다. 어학연수 나가지 마라. 취업 안 해도 된다. 내가 결혼하면 너 하나쯤 충분히 먹여 살리고 행복하게 해줄 수 있다. 나만 믿어!" 해주길 바라는 것 말이야. 그러나 누가 누구를 그렇게 책임질 수 있겠니? 그뿐만 아니라 각자

자신만의 소명의식을 붙들고 있는 것은 매우 중요한 일이란다. 그러니 일단 이중 삼중으로 꼬인 상황에서 결혼과 교제의 끈과 진로 내지는 소명을 일단 좀 풀어서 떼어 놓아 보자.

일단 그 둘이 여러 겹으로 꼬인 상태에서 어느 정도 분리가 되었다면 그 다음에는 J의 의견에 귀 기울여 볼 수 있을 것 같아. 어쩌면 J 역시 머리가 원하는 것과 마음이 원하는 것이 따로따로라 적극적으로 말하지 못하는 것일 수 있어. 어느 누가 사랑하는 사람과 오랜 시간 헤어져 있는 것을 달가워하겠니. 게다가 J는 나이도 있고 하니 하루라도 빨리 결혼하고픈 심정일 텐데 말이야. 하지만 은혜를 존중하고 은혜의 앞날을 생각한다면 조심스러울 수밖에 없겠지. 그럼에도 긴 시간은 아니지만 아주 가까이서 은혜를 지켜봤고 은혜를 사랑하고 있는 사람이니 다시 의견을 들어 보고 솔직한 대화를 나눠 보렴. 그리고 선택은 은혜가 하는 거야.

한 조각씩 이어나가기

얘기가 어쩌다보니 연애는 일단 제쳐두고 어학연수를 가라는 쪽으로 기우는 것으로 이해될 수 있을 것 같은데 그건 아니란다. 연애와 진로(어학연수 강행) 사이에서 연애에 연연하지 말고 지금 이 순간 소명을 확인하고 전진하라, 그런 뜻은 아닌 거 알지? 일차적으로 좀 분리해서 생각할 필요가 있겠다는 생각이 먼저 들었어. 설령

J와의 관계 때문에 연수를 접고 취업하기로 선택한다 하더라도 그것이 은혜 자신의 주도적인 선택이라면 좋다고 봐. 멀리 결혼을 생각해도 그렇게 지금 상황에서 둘이 떨어져 있는 것이 힘든 일이고, 둘의 관계를 위해서 좋지 않다고 판단이 되면 한 번쯤 이런 기회를 흘려보내면 또 어떻겠니? 선생님이 계속 소명에 관한 얘기를 해왔지만 소명은 대학을 졸업하고 진로를 결정하는 지금 이 순간에 결정되고 끝을 보는 게 아니야. 지금은 지금대로 또 삼십 대에는 삼십 대대로 중년과 노년에는 그때에 맞는 소명을 발견하고 확인하는 일이 계속되는 것이 진짜 소명 아니겠니. 그런 의미에서 은혜가 대학을 졸업하는 이 시점에 모든 것을 한꺼번에 이루거나 결정하려고 할 필요는 없을 거야. 지금 여기서 가장 적절한 선택을 하는 것이 진정한 소명을 향해서 한 발자국 앞으로 나가는 것이라 생각한다.

선생님이 한동안 양육과 일을 병행하는 것을 놓고 고민하던 중에 읽었던 책에서 마음에 남아 있는 비유가 하나 있어. 소명에 따라 사는 삶, 특히 이 세대에 여성으로서 소명을 따라 사는 삶을 '퀼트 이불'에 비유한 것이었지. 여성들의 소명에 따라 사는 삶이라는 것은 그때그때 나의 원함과 세상의 필요, 그리고 나의 기쁨이 만나는 그 지점에서 만들어지는 한 조각의 천 조각이라는 거야. 그 천 조각들이 이어지고 덧대어져서 하나의 멋진 이불이 된다는 것이지. 대체로 우리사회에서 남자들은 한 번 직업을 선택하면 특별한 일이 없

는 한 그것을 소명으로 알고 가야 하는 책임감을 요구받지 않니. 상대적으로 여자들은 많은 불평등 속에 있지만 그로 인해 오히려 더 다양한 선택의 여지 속에서 소명을 발견해갈 수 있다는 것이지. 그 부분을 읽고 나서 마음이 많이 자유로워졌던 기억이 있어. 또 프레드릭 뷔크너는 소명에 대해서 "당신의 큰 기쁨과 세상의 깊은 갈망이 만나는 곳이다"라고 말하지. 궁극적으로 그런 곳으로 인도 받기 위해서 오늘 어떤 선택을 해야 할지 차분히 생각해 보렴. 오늘의 선택은 한 조각의 퀼트 천이 되어서 네 인생의 이불에 덧대어질 거야.

오늘 은혜가 하는 고민은 여성으로서 살면서 앞으로도 수없이 맞닥뜨리게 될 것 같아. 지금으로서는 남의 얘기 같지만 결혼이냐 일이냐, 양육이냐 직장이냐 등의 선택상황 같은 것들이지. 지금도 마찬가지고 앞으로도 그런 상황이 되었을 때 기억했으면 좋겠다. 단지 환경이나 주변의 관계가 요구하는 선택이 아니라 궁극적으로는 은혜 **자.신.**이 책임 있는 선택을 했으면 해. 또 지금 여기에 충실하면서 기도하며 내리는 작은 선택이 모여 궁극적인 소명을 확인하게 하고, 그것이 결국에 하나님의 뜻이 될 거라는 것이지. 하나님의 뜻을 구하겠다는 의지로, 기도와 궁극적으로 너 자신의 주도권을 다른 사람이나 환경에 이양하지 않겠다는 생각으로 잘 결정하길 바란다. 기도할 때 네게 선택의 지혜를 주시기를 구할게. 잘 지내고 또 소식 전해라.

연애당 양다리들에게 고함

은혜에게

당혹스럽고 마음이 아프구나. 네 친한 친구 H와 너희 선배 T, 둘 다 기억나지. 기억하고 말고. 너랑 H는 어려서부터 단짝 아니었니? 늘 둘이 붙어 다니던 것, 예배시간에도 꼭 붙어 앉아서 둘이 속닥거리던 모습이 눈에 선하다. T도 물론이지. 장난기 많아서 성가대 연습시간에 자주 혼을 냈던 기억도 난다. 한데 H와 T 사이에 그런 일이 있었고 H가 그렇게 힘들어 한다니……. 한 번 얼굴 보고 안아주고 싶은 생각이 드는구나. 은혜 말만 듣고 T를 무작정 비난할 수만은 없는 일이지만 '양다리'에 관한 한 화가 많이 난다. 네 메일을 확인하기 며칠 전 가까운 후배 하나가 결혼을 앞두고 양다리 스캔들(?)에 휘말려 큰 상처를 받고 마음을 가누지 못하는 걸 보고 왔었단다. 더더욱 내가 아끼는 제자들 사이에 그런 일이 있었다니 더욱 마음이 아프구나. H는 물론이거니와 T 역시 선생님의 사랑하는 제

자니 이번 기회에 한번 짚고 넘어가야겠다 싶어. 아래 붙이는 편지는 H에게 하고픈 말이고 또 재미삼아 가볍게, 아니면 어쩌지 못하는 고뇌 속에서 '양다리'를 걸치고 있는 교회 안의 형제들에게 하고픈 말이다. (물론 양다리가 형제들의 전유물이 아니란 걸 안다. 하지만 이상하게도 내게 들려오는 모든 양다리 스캔들의 주연은 모두 형제들이구나.)

양달 군에게

양달 군! 내가 지금부터 부르는 양달 군은 세상의 많은 양달 군 중에서 교회의 아들들만을 지칭하는 것입니다. 먼저 밝혀둘 것은 이 글은 궁극적으로 양달 군에 대한 사랑의 발로입니다. 그러나 양달 군에게 가 닿는 것도 사랑일지는 의문입니다. 이 글을 쓰는 나는 지금 양달 군에 대한 사랑을 전제했지만 정서적으로는 양달 군이 걸치고 있는 양쪽의 두 자매들에게 더 많이 공감하고 있기 때문입니다. 어쩌면 이 글은 양달 군에게 두 자매들의 깊은 속마음을 전하기 위한 시도인지 모르겠습니다. 양달 군의 심정을 이해하고 공감하는 것이 내게 쉬운 일이 아니라는 것도 먼저 밝힙니다. 나는 후배들의 연애 얘기를 듣고 감 놔라 배 놔라 하는 것을 부업처럼 여기며 지냅니다. 헌데 많은 커플 또는 싱글들의 기쁨과 슬픔을 들어봤지만 양달 군의 속마음을 직접 들어본 적이 없습니다. 양달 군에 관한 얘기는 군이 걸쳤던 양다리의 두 자매들의 입을 통해서만 무수히 들었습니다. 그러허니, 내가 가진 양달 군에 대한 정보는 자매들에 의해 해석된 것임도 밝혀야겠습니다.

양달, 삼달…… 상습범들에게 고함

사랑이 어떻게 변하냐? 그렇게 뜨겁게 사랑했는데 어떻게 그렇게 쉽게 변할 수가 있느냐고 많이 말하지만 사랑은 변하는 것이 당연하지요. "사랑이 어떻게 변하니?"보다는 "사랑이 어떻게 안 변하니?"가 우리의 진실을 더 잘 대변해 주는 말일 겁니다. 인간 사랑 중에 가장 본능적이라고 하는 부모의 사랑도 아이가 눈에 차지 않는 행동을 할 때 순간순간 미움으로, 때로는 증오로도 변하는데 하물며 남남의 사랑이겠습니까? 양달 군이 200퍼센트 공감하고 자주 말하는 것처럼 사람의 사랑은 변하는 게 당연합니다. 그러니 사랑, 특히 로맨틱한 사랑만으로 관계를 맺어가다 보면 그 끝은 결국 파경입니다. 어느 날 갑자기 마법의 보자기가 씌워진 듯 그녀 옆에 후광이 생기고 마음속에서 종이 울리는 불가사의한 경험으로 시작된 사랑일지라도 이후에는 다른 양분이 필요합니다. 신뢰, 헌신, 인내……. 이런 두 글자짜리 매력 없는 덕목들이지요. 사랑이 변하는 건 당연한 것이고, 특히 양달 군 같은 경우에는 "나는 원래 모든 것에 빨리 질리는 편이다"라고 생각할지 모르겠습니다. "이제 얘가 좀 슬슬 내게 집착을 하는 것 같고 난 구속받는 건 질색이야"라고 느껴지는 순간 본인도 모르게 새로운 자매를 향해 마법을 스스로 뒤집어쓰는 것은 아닌가 생각해 보기 바랍니다.

    오래 전 사귀던 여자 친구와 이별을 결심한 후배가 토로하듯 내뱉은 말이 있습니다. "연애를 사역처럼 할 수는 없지 않아요?" 이 말을 했던 후배는 오랜 기간 사역처럼 참고 믿어주며 연애를 했었기 때문에 이런 말할 자격이 있다고 느껴졌습니다. 암튼, 양달 군에게 해주고픈 얘기는 이렇습니다. 연애를 사역처럼 할 수는 없습니다. 연애는 연애고, 또 로맨스지요. 하지만 연애를 사역처럼 해야만 그 환상적인 로맨스가 유.지.되는 역설이 있답니다. 그럴듯한 말로 포장하지 말고 연애의 쓴맛을 견디고, 상대방에게 질려버린 상태를 한번 넘어서 보길 부탁합니다. 지겨워질 때마다 바꾸고, 집착을 시작한다고 잘라버리는 사람은 필시 언젠가 꾸릴 결혼 생활에 실패할 것입니다. 사랑이 변하는 게 당연하지만 때론 연애도 사역처럼 해봐야 합니다.

우유부단 양달 군에게 고함

    아마도 교회 안의 양달 군은 본인도 어쩌다 보니 그렇게 된, 군들이 대부분일 겁니다. 사귀던 여친과 뜨겁고 달콤하던 시기가 지나고 '밥 먹었니?' 정도의 문자 외에는 딱히 보낼 말도 떠오르지 않는 시기에 말입니다. 거기다가 "오빠 변했어. 첨엔 이러지 않았잖아. 지금 어디야? 왜 내 전화 안 받았어?" 하면서 슬슬 자유에의 억압이 몰려오고 있을 때입니다. 그때 지금 여친과 전혀 다른 성향의 자매가 작업인지 뭔지 헷갈리는 친절을 베풀어 옵니다. 뭐 딱히 마음이 있었던 건 아닌데 기분이 나쁘지 않아 받아주기 시작합니다. "내가 이미 교제 중인 것도 아니까 뭐 더 이상 기대하지는 않을 거야" 하는 식으로 자신을 속여 가며 새로운 자매에게 마음을 열기 시작하지요. 그렇게 하루 이틀 지내는 것, 그것이 엄밀히 말하면 양다리입니다.

결국 어떤 방식으로든 일이 드러난 후에 "그때까지는 그런 관계가 아니었다. 너하고 헤어지고 난 후의 일이다" 하는 식으로 말하는 건 자신을 속이는 것이 됩니다. 또 "말하려고 했었다. 네가 너무 상처받을까봐 차마 말을 할 수 없었다"라고 하는 것도 정말 가장 큰 상처가 무엇인지 알면서도 회피하는 또 다른 속임수입니다. 한 여자만 주구장창 사귀라는 것이 아닙니다. 한 여자를 사귀는데 다른 여자에게 한 눈 파는 것도 안 된다고 하는 것이 아닙니다. 양달 군이 처음에는 스스로 받아들이기 힘들었던 이 상황. "이미 내가 교제 중인데 이제 와서 다른 자매가 눈에 들어오다니……" 이것도 자랑할 만한 일은 아니지만 있을 수는 있는 일입니다. 다만, 페어플레이 하자는 것입니다. 지금의 여친과 깨끗하게 정리되지 않았다면 로맨스 섞인 애매한 멘트를 아무에게도 날리지 말라는 것입니다. 그것은 지금의 여친이나 새로 마음을 앗아가는 새 여친을 위해서가 아니라

궁극적으로 양달 군 자신을 위하는 길입니다. 양쪽에 애매하게 끼어 있는 우유부단 양달 군의 행동은 두 자매를 실족케 할 뿐 아니라 궁극적으로 양달 군 자신을 가장 실족케 할 것입니다.

양달 군이여! 엄히 명하노니 페어플레이 할지니라

'교회당은 연애당'이라는 오래된 경구(?)가 무색하지 않을 만큼 교회 청년 공동체를 움직이는 어느 정도의 힘은 거미줄처럼 얽힌 사랑의 작대기인 것 같습니다. 누가 누구를 좋아하고, 그 누구는 또 다른 사람을 좋아하고, 누가 누구랑 사귀고 있고, 지금 사귀는 누구는 예전에 누구누구랑 사귀었었고……. 청년이라는 이름이 풍기는 푸르른 기운이 그러하듯 엇갈리고 이어지는 사랑의 작대기는 여러분만의 특권인 것 같습니다. 당사자들이야 힘들겠지만 그 충만한 에로스의 에너지는 옆에서 보기에 청년스럽고 아름답기까지 합니다. 심지어 어떻게 자매 좀 하나 낚아보려고 교회에 발을 들여놓은 불순한 동기조차 청년이라는 이름으로 귀엽게 봐주고 싶기도 합니다. 그러나 그 풍성한 연애의 장에서 페어플레이 원칙만은 지켜야 하지 않겠습니까? 진정한 프로선수에게 있어서 페어플레이는 기본이지요. 더더욱 군이 스스로 작업의 선수라고 자부한다면 엄히 명하노니 페어플레이를 하십시오.

사랑하는 양달 군! 군 안에 충만한 에로스의 에너지를 단 한 사람을 찾기 위한 끊임없는 시도로 백분 활용하고 즐기기 바랍니다. 그러면서 "너희 모든 일을 사랑으로 행하라"(고전 16:14)고 하신 말씀 속의 '사랑'에 군의 충만한 '에로스의 사랑'을 복종시키기를 진심으로 부탁합니다. '더 큰 사랑'의 그늘에 안긴 에로스의 에너지는 궁극적으로 언젠가 군이 가꿀 천국과 같은 가정을 위해서 군의 몸과 마음을 지켜줄 것입니다.

양달 군! 어떠십니까? 내일로, 다음으로 미루지 말고 지금 바로 일어나 양다리의 오명을 씻어야 하지 않겠습니까?

돌연한 헤어짐,
하나님 앞에서 울다

아니, 은혜야!

갑작스레 이게 무슨 일이냐? 지난 번 메일에선 네 친구 얘기뿐이었잖아. 갑자기 너와 J가 헤어졌다니. 그저 너의 진로에 대해서 J와 함께 고민하고 더불어 결혼 계획까지 의논하고 있는 줄 알았었다. 내가 지금 무슨 말을 할 수 있겠니. 그저 가까이 있다면 이렇게 아픈 은혜를 꼭 안아주고 싶은 마음이다. 멀리 있지만 마음으로 은혜의 시리고 아픈 마음을 어루만지고, 외로운 등을 따스하게 안아주는 기도를 올려드린다.

J가 결국 어학연수와 결혼을 놓고 갈등하는 은혜를 포기하겠다고 선언했다고? 전혀 생각지도 못한 일방적인 이별의 통고가 얼마나 당혹스러울까. 2년의 어학연수든, 직장이든 다 포기하고 함께할 수 있다고 J에게 매달려 보고 싶은 마음 이해가 된다. 그러면서도 어떤 일이든 쉽게 결정하지 않는 J의 마음을 되돌리기 어렵다는 것을 알기에 좌절감이 생기고 오히려 화가 나는 것도 알겠어. 처음부

터 사랑하지도 않았던 것 같다고, 그간 J가 했던 모든 말은 다 위선에 불과했다고, 그래서 차오르는 배신감에 견딜 수 없다는 말이 참 많이 아프게 다가오는구나. 스쳐가는 봄 햇살조차도 쓰리고 아프다니……. 네 메일을 읽고 나서 쬐는 봄 햇살은 선생님에게도 더 이상 따스함이 아니구나.

J의 생각

　실은 은혜의 메일을 받고 바로 J와 전화통화를 했다. 내가 은혜하고는 미주알고주알 많이 나누지만 너희를 서로에게 소개하고 나서 J와는 처음으로 얘기를 나눠봤어. 은혜가 진로로 고민하기 시작하면서 J가 생각보다 많이 힘들었던 것 같아. 특히 지금처럼 어려운 때 은혜에게 온 어학연수의 행운을 그냥 흘러보내면 안 될 것 같다는 생각을 하는 것 같았어. 혹시 자신 때문에 은혜가 인생의 좋은 기회를 놓치는 것이 아닐까, 나중에 후회하지는 않을까 싶었대. 선생님으로서는 예전에 은혜가 2년의 어학연수와 J와의 결혼을 꼭 양자택일의 문제로 놓고 고민하는 것이 의아했었는데 J와 통화를 하고 보니 이해가 되더구나. J는 나이도 있고, 건강하지 않으신 어머님도 계시기에 결혼을 빨리 할 수 있느냐가 현실적인 문제더구나. 그러면서 만날 때마다 답이 안 나오는 그 문제를 얘기하기도 그렇고, 그렇다고 그대로 두고 무작정 데이트 하는 것도 무책임한 것 같아서 좌

불안석으로 계속 몇 개월을 보냈나 봐.

  은혜가 고민 끝에 어학연수를 포기하겠다는 결정을 할 것 같은 기미가 보이면서 J는 이별을 결심한 것 같아. 그래, 선생님 역시 잘 납득하기 어려운 부분이었어. 이 부분에 대해서 너희가 허심탄회하게 대화한 줄 안다만. 자신과의 만남으로 은혜에게 더 좋은 일들이 생기길 바라는데, 오히려 자기 때문에 그 반대의 상황이 되는 것이 견딜 수 없이 힘들다고 하더구나. 물론 J에게 2년이 긴 시간이긴 하지만 그렇다고 꼭 그 안에 누구하고라도 결혼을 해야겠기에 헤어지기로 결심한 건 아니라고 했어. 솔직히 헤어짐의 이유가 단지 그것뿐인지, 실은 마음이 변한 건 아닌지 선생님이 직접 물어봤다. 그건 분명히 아니라고 했고, 네게 말한 것처럼 "지금은 때가 아닌 것 같다"는 말을 반복해서 하더라. 그 '때'인 것도, 그 '때'가 아닌 것도 두 사람이 공감하는 '때'여야 하는 것 아니겠냐고 좀 강하게 말했지만 J의 생각은 확고한 것 같았어.

과도한 추측은 금물

  선생님이 이 얘기를 하는 건 은혜가 느끼는 '일방적으로 거절당한 느낌'에 대해서 얘기하고 싶어서야. 아무튼 J가 먼저 헤어지자는 말을 꺼낸 것에 대해 은혜가 일차적으로 '거절당함'이라고 생각하는 건 당연해. 은혜 말마따나 교회 선배에게 고백했다가 거절을 당했던

경험으로 힘들어했던 일이 채 1년밖에 되지 않았구나. '거절당한 느낌'이 몇 배로 더 증폭되어 힘들고 어려울 수 있을 것 같아. 그런데 은혜야! 너 1년 전에 K군에게 거절당했을 때도 "제게는 도통 여자로서 오래가는 매력이 없나 봐요. 제가 좋아하는 사람은 확실히 절 좋아하지 않아요"라고 말했던 것 아니? 거절감이 말할 수 없이 견디기 힘든 감정인 것은 분명하고, 또 네 말대로 이렇게 얘기하든 저렇게 얘기하든 J가 먼저 헤어지자고 한 것 역시 분명하지만, 지나친 감정 몰입은 아닌가 하는 생각이 들어.

그래. 지금 은혜에게 이성적으로 생각하라고 요구하는 자체가 가혹한 일이겠지. 다만 선생님이 보기에 최소한 J가 은혜 존재 자체를 거절한 것은 아니야. 은혜가 말하는 "가까이 사귀어 보니 별로였다"는 얘기도 틀렸고. 그래. 이번 일을 보면서 생각보다 J가 소심하고 용기가 없다는 생각은 든다. 처음부터 조금씩 내비쳤던 것처럼 자신의 가정환경과 은혜의 환경이 차이가 난다는 것에 대한 무남삼, 급기야 이번 어학연수 건으로 불거진 은혜의 진로에 자신이 걸림돌이 될 수도 있다는 자괴감을 넘어서지 못한 것이 말이다. 좀 더 용기 있게 은혜를 붙잡아줬으면 하는 바람이 내게도 있지만, 그렇게 권유도 해봤지만 지금의 J에게는 어려운 일인 것 같아. 최소한 J가 은혜에게 말한 헤어짐의 이유는 진실이라고 믿어.

설령 그렇지 않다 해도 J 스스로 말한 그 이상을 추측할 필요는 없는 것 같아. 슬프고 힘든 마음은 백 번 공감이 가지만 "나는 거절 당할 수밖에 없는 여자다"라는 식의 부정적인 각본을 스스로 만들고 확인하는 건 옳지 않다. 그런 가정은 가당치도 않아. 선생님은 기억한다. 고자세, 저자세도 아닌 정자세로 1년 전 거절의 아픔을 잘 이겨냈던 은혜를 말이야. 때로 우리가 거절당할 수도 있고, 부득이하게 거절할 수도 있지만 "마땅히 생각할 그 이상의 생각을 품지 말라"(롬 12:3)는 성경 말씀을 새겼으면 좋겠어.

잠잠히 기다리기

그래. 은혜가 말한 것처럼 J를 받아들이고 선택하기까지 세상의 여러 조건에 마음 뺏기지 않고 J의 중심을 봤다는 걸 알아. J가 자기 소명에 부합한 일을 행복하게 하고 있지만 세속의 관점으로는 높은 점수를 받을 남자가 아니지. 그럼에도 은혜는 J가 중심에 하나님 사랑하는 것, 믿는 그대로 삶을 일치시키려는 것을 귀하게 여겨 선택했지. 그런 은혜에게 왜 이런 시련을 주시는지, 두 사람이 기도하며 아름다운 만남을 가꿔 가려고 했는데 왜 이런 결과를 주시는지 정말 알 수가 없구나. 하나님을 향한 원망의 마음, 선생님도 실은 같은 마음이다. 둘 다 참 예쁜 마음으로 만나왔는데, 기도하며 하나님의 뜻을 구하는 모습이 귀하게 느껴졌는데 왜 이런 아픔을 허락하실까?

 이렇게 우리는 다시 '이해할 수 없는 일'에 맞닥뜨렸다. 이럴 땐 솔직하게 "이해할 수 없어요, 하나님!" 하면서 기다려야 하는 게 아닌가 싶어. 선생님의 경험으로 봐서 당장은 그분의 음성을 들을 수 없지만 반드시 들려주실 거야. 다시 전화해서 만나고 싶고 매달리고 싶지만 소용없는 일임을 알겠다니, 이제 잠잠히 상황을 받아들여야 하는 것 아닐까 싶다. 두 사람을 소개한 장본인으로 이럴 때 뭔가 힘이 되고 싶지만 선생님 역시 할 수 있는 게 없구나.

 작년 이맘 때 그랬던 것처럼 쉽게 상대방을 비난하는 것으로, 또는 은혜 자신을 비하하는 것으로 문제의 핵심을 피하지 않는 것이 은혜다운 지혜로움이라 생각한다. 아프지만 역시 주님에게서 온 일이라 여기면서 그대로 아플 만큼 아파해야 하는 게 분명해. 왜 이런 일이 일어났는지 알 수는 없지만 분명한 건 궁극적으로 두 사람 모두에게 더 큰 선물로 다가올 고통이라는 것은 선생님이 확언할 수 있다.

 하나님의 뜻을 운운하면서 서둘러 고통의 늪에서 빠져나와야 한다는 건 아니야. 있는 그대로 슬픔을 직면하지만, 차오르는 많은 감정이 지나치게 부풀려진 자기 연민이나 비하는 아닌지 분별할 수 있으면 좋겠다. J에 대해서는 배신감, 분노, 그리움 같은 복잡한 감정들이 교차하겠지만, 지금은 J가 네게 말한 헤어짐의 이유에 대해서 그대로 믿어주고 그 이상의 추측은 하지 말기를 바란다. 그건 J를 위해서가 아니라 은혜 자신을 위해서야. 그리고 그런 상황에서도 언젠가 은혜에게 최고의 배우자와 가장 아름다운 가정을 선물로 주실 그분의 사랑을 믿어 의심치 않아야 한다.

선생님이 작년에 은혜가 힘들어 할 때 전해줬던 "물가로 나오라"는 찬양의 영어가사 생각나니? "Come to the water. Stand by my side. I knew you are thirsty. You won't be denied. I felt every tear drop when in darkness you cried." 언제, 어떤 상황에서도 결코 우리를 거절하지 않으시는 분, 우리가 어둠 속에서 헤매며 흘린 모.든. 눈물을 느.끼.시.는. 분. 우리 은혜가 그저 이런 하나님 앞에서 울며 이 어려운 순간을 잘 통과하기 바란다. 물론 선생님 역시 은혜의 아픔을 가지고 그분 앞에 나가 함께 울 거야. 사랑한다. 은혜야!

스킨십의 추억 '죄'와 '죄책감' 사이

오우~ 연애

은혜야!

그렇게 어려운 얘기를 꺼내놓다니……. 메일을 읽는 동안 그 용기와 진실함에 존경스러움마저 느꼈다. 헤어짐 이후에 얼마나 힘들지 상상이 가지만 또 당사자가 아닌 다음에야 그 고통은 머리로 헤아리는 고통일 뿐이지. 아무튼 그렇게 힘든 상황에서 보여주는 너의 진실한 성찰, 하나님 앞에서의 성찰은 정말 선생님을 부끄럽게 하는구나. 그럼 그렇고말고. 부끄럽다면 은혜만큼 진실하지 못한 선생님 자신이 부끄럽지. 여러 번 망설이며 보낸 메일이라는 것 알겠더구나. 충분히 이해한다. 하지만 분명한 건 자신의 깊은 어둠을 드러내는 사람은 누구보다 용기 있는 사람이고 진실한 사람이며, 네가 염려하는 것과는 반대로 순결한 사람이라고 선생님은 믿는다. 하나님의 빛 앞에 드러낸 죄와 연약함은 이미 용서된 것일 뿐 아니라 '기결'로 넘어간 문제임을 믿고 회복의 날을 기대하기 바란다.

이별이 남긴 은밀한 고통

너만 그런 건 아닐 거야. 이성교제를 하다 헤어지면 거절당한 느낌, 그래서 낮아지는 자존감, 자기 연민, 상대방에 대한 분노 등이 생기는데, 이런 것 위에 더해지는 은밀한 고통이 있어. 그건 다름 아닌 '스킨십의 추억'일 거야. 은혜가 여러 번 부끄럽다고 표현한 건 아마도 "다른 사람은 안 그럴 텐데 나만 그런 것 아닐까" 하는 생각 때문일 거야. 실은 헤어지는 많은 남녀에게 가장 어려운 부분일 텐데 솔직하게 드러내는 사람이 없다는 거겠지. 은혜의 말처럼 이미 헤어졌고, 한편으로는 분노와 미움이 들끓는데 또 한편으로는 피어오르는 그리움이라니……. 게다가 날이 갈수록 머리와 가슴에서는 J에 대한 것들이 정리되고 있는데 몸이 그리움을 느낄 때는 헤어졌던 첫날의 고통이 다시 엄습한다고? 무슨 말인지 왜 모르겠니. 어쩌면 남녀 간에 헤어진 이후 겪게 되는 가장 본질적인 고통은 몸으로 나누던 사랑의 언어 때문에 생기는 고통이 아닐까 싶다. 선생님의 조언에도 불구하고 교제하는 동안 스킨십 문제에서 그렇게 분명하게 잘 지켜내질 못했다고? 형식적으로는 지킬 선을 다 지켰는지 모르겠지만 마음으로는 모든 마지노선이 다 무너졌다고 생각한다고? 지금 J를 생각하면서 가장 고통스러운 부분이 스킨십에 대한 기억인 것을 하나님이 주시는 벌이라고 생각하는 것 같구나.

하나님의 기준으로 생각하기

먼저 은혜 자신이 '죄'라고 이름붙인 것에 대해서 선생님은 당혹스럽기까지 한 신선한 충격을 받았다. 네 고백처럼 너희가 마지막 지켜야 할 선을 넘어간 것도 아닌데 굳이 '죄'라는 표현을 사용해서 말이다. 이것을 충격으로 들을 만큼 이 선생님마저도 너희의 성 관념에 대해서 기대가 낮다는 것을 스스로 확인하고 서글프기도 했단다. 이렇게 저렇게 얻어들은 정보로 교회 안에서 교제하는 커플들 사이에, 또 무수한 헤어진 커플들 사이에 넘지 말아야 할 선을 넘고 없었던 일처럼 지내고 있다고 알고 있다. 이미 지나간 일이고 자신들의 입으로 까발리지 않는 이상 더 문제가 될 것이 없기 때문에 그저 덮어두면서 말이다. 하지만 이런 식으로 아무런 성찰 없이 새로운 사람을 만났을 때 어떤 선한 행동을 더 기대할 수 있겠나 싶어. 그런 의미에서 은혜 스스로 '죄'라고 고백한 것은 백 번 옳다고 생각한다. 설령 너희가 문자적 의미의 순결을 지켰을지언정 마음을 품기만 해도 이미 간음을 했다고 하시는(마 5:28) 예수님의 말씀에 비추어 더더욱 옳은 고백이다. 어쩔 수 없었던 일이든, 요즘 세상이 그리 만드는 일이든 간에 죄는 죄라고 말해야 하고말고.

하나님 안에서 정결해지기

그런데 은혜야, 죄를 죄로 알았으면 그 다음에 와야 할 것이 무엇인지 네가 더 잘 알지? 진심의 회개, 그것이겠지. 아마 은혜가 진심으로 죄로 안다면 이미 회개는 시작된 것일 거야. 그러나 아직 정식으로 하나님과 '회개의 절차'를 밟지 않았다면 깊은 기도로 회개의 시간을 갖기 바란다. 회개 후에도 여전히 마음이 불편하고 힘들다면 불필요한 죄책감에 휘둘리고 있는 건 아닐까 싶다. 너희가 만남 안에서 자꾸 육체적인 죄를 지으니까 하나님이 결국 헤어지게 하신 거라든지, 그게 결국 하나님이 너희를 다루시는 벌이라고 생각하는 거라면, 그건 아니다. 죄로 알고 회개했다면 자유로워지기로 하자.

J와의 교제에서 아주 낮은 점수를 받았기 때문에 앞으로 좋은 배우자를 만나지 못할 거라는 것 역시 그 뿌리는 죄책감인 것 같아. 은혜의 하나님은 어떤 하나님일까? 위반하기 딱 좋은 도로 모퉁이에 숨어 "걸리기만 걸려라" 하며 딱지 뗄 준비를 하고 있는 경찰관 하나님? 눈에는 눈, 이에는 이로 한 치의 오차도 없이 갚으시는 칼 같은 하나님? 그분이 은혜에게 이렇게 다시 한 번 소개해 달래시는구나.^^ "내가 바로 너희의 모든 죄를 용서하는 하나님이다. 너희 죄를 용서하는 것은 나를 위한 것이니, 너희의 죄를 기억하지 않겠다"(사 43:25). 물론 이렇게 단도직입적으로 하시는 말씀을 들으

면서도 무 자르듯 죄책감이 사라지지는 않을 거야. 말처럼 쉬운 일은 아니지. 그러나 최소한 스킨십에 대한 기억으로 힘들 때 죄책감에 대해서 분별을 할 수 있으면 좋겠구나. 죄책감은 일종의 자기 연민이고 교만이며, 과감하게 죄로부터 단절해야 하는 책임을 회피하는 것이 될 수 있어. 죄책감에 붙들려 있는 한 "가서 다시는 죄를 짓지 말라"고 하시는 말씀에 순종할 수가 없을 것 같다. 오히려 이렇게 기도하면 어떻겠니? 이젠 "잘못했어요. 죄송해요!" 하는 기도보다는 "하나님이여, 제 속에 정한 마음을 창조하시고 은혜 안에 정직한 영을 새롭게 하소서" 하며 한 발 앞으로 나가면 어떻겠니? 밧세바와 관련한 죄를 범하고 나서 회개하는 다윗의 기도란다.

만남과 헤어짐보다 중요한 것

은혜야! 선생님은 때로는 이별이 큰 축복이라고 생각한단다. 준비된 아름다운 두 사람이 만들어가던 사랑이 왜 오늘 이렇게 아픈 이별로 끝났는지는 여전히 알 수 없는 일이다. 한데 이번 메일을 읽고 이 답신을 쓰는 과정에서 결국 이 아픈 이별이 은혜에게 좋은 선물이 될 거라는 생각이 드는구나. 선생님은 지난번 메일을 받고 참 마음이 아프고 걱정이 됐었어. 은혜가 너무 자책하고 분노하고 있는 것은 아닌가 싶어서 말이야. 하지만 그 고통의 골짜기를 지나면서 궁극적으로 은혜가 하나님을 발견해가는 것이 대견스럽다. 헤어짐의 과정에 대해서도, 둘 사이에 진행되었던 스킨십에 대해서도 자기방어와 합리화의 늪에 빠져 있지 않는 모습이 귀하구나. 어쩌면 우리 생에서 가장 귀한 건 연애나 결혼이 아니라 그분을 알아가는 것 아니겠니? 이번 일로 은혜가 하나님 앞에서 울 때 네 눈물에 동참하셨던 하나님, 또 이런 저런 죄를 용서하시는 하나님, 사랑의 하나님을 더 깊이 알아가는 것 같구나. 세상에 이보다 더 큰 선물이 있겠니? 아픔을 넘어서 더 깊은 믿음의 눈을 뜬 은혜를 향해 박수를 보내고 파이팅을 외친다.^^

J와 꼭 결혼하게 되는 줄 알았고, 그래서 스킨십에 대해서 더 적극적으로 절제하지 않았다고 했지? 그래, 뭐 선생님도 그렇게 생각했지만 남녀 사이는 정말 모르는 일인 것 같구나. 그래서 결혼식장에 딴딴따단~ 하고 입장할 때까지는 아무도 모른다고 우스갯소리들을 하나봐. 꼭 결혼할 것 같았던 사람과 헤어질 수도, 결코 나와는 상관없을 것 같은 사람과 결혼할 수도, 다시는 얼굴도 보지 않을 것 같은 사람과 또 다시 만날 수도 있는 것이 만남의 비밀인 것 같아. "사랑할 거고 결혼할 건데 미리 육체적인 진도를 나가는 것이 뭐 그리 나쁜 일인가?"라고 말하는 친구들에게 이제 할 말이 생기지 않았니? 잘 기억하고 언젠가 다른 사랑을 만날 네 자신에게도 말해줘. 결혼식 첫 날까지 지켜야 할 이유 중 하나가 여기 있다고 말이야.^^ 이제 만남과 헤어짐의 비밀을 조금 알게 된 은혜가 앞으로

오우~
연애

의 만남에 대해서 과장된 낙관이나 너무 심한 비관도 하지 않았으면 좋겠다. 아프지만 그 아픔을 직면하고 회개하면서 오늘처럼 이렇게 하루하루 잘 지내다 보면 그 아픈 자리에 더 귀한 사랑의 싹이 트고 또 다른 인생의 문이 열리게 될 거야. 지금, 여기서 그분과 더불어 성실하게 지내자꾸나. 또 소식 기다리마.

'결혼 적령기 기차'
나를 지나치고 있어요

드디어 떠나기로 했구나. 여기 있어도 자주 보는 것 아닌데 멀리 간다니 마음 한 자리가 벌써 허전하네. 직접 얼굴을 맞대는 것보다 메일로 나누던 대화가 많았으니 앞으로도 마음을 나누는 소통, 이어가자꾸나. 2년 후에 돌아오는 거니? 지난 몇 개월 힘들어하는 은혜를 보며 마음이 아팠는데, 멀리 떠나려는 지금 오히려 싱글이라서 홀가분하다니 한편 다행이고. 차분하면서도 생기발랄한 은혜 특유의 어투가 살아난 메일을 받으니 마음이 한결 놓인다.

어학연수를 가야 하나 말아야 하나, 간다면 J와의 교제를 어떻게 하고 가야 하나를 고민했던 적이 있었지. 그때 은혜에게 받았던 메일에 '이중 삼중으로 꼬인 선택의 상황'이라고 했던 표현이 기억나. 어학연수를 준비하다 이런저런 이유로 포기하고 마음을 정하고 취업을 한 상태였지. J와의 관계도 무르익어 결혼을 현실적으로 생각하게 되면서 공부에 대한 꿈을 접었던 것 같이 보였었어. 한데 딱 그때 해외 나가서 공부할 좋은 기회가 주어졌고 "하나님이 저를 시험

하고 놀리시는 것 같아요" 했었지. 연애냐 진로냐, 결혼이냐 일이냐를 놓고 고민했었잖니. 어려운 시간들을 보냈지만 결국 이렇게 공부를 위해 떠나게 되는구나. 당시 하나님의 인도를 위해 기도하고 기다렸지만 당장 뚜렷하게 보이는 길이 없어서 답답해하기도 했었지? 결국 돌아보면 기도하면서 기다리던 때가 되었고, 이제 은혜 앞에 새로운 문이 열리고 있구나. 2년의 시간이 모쪼록 이십 대 후반, 또 삼십 대를 준비하는 은혜에게 더 넓고 깊은 그릇으로 준비되는 여정이길 기도한다.

부모님의 대표 걱정거리

부모님이 걱정이 많으시구나. 갔다 오면 나이가 서른에 가까운데 결혼은 어떻게 하냐고 하시는 말씀, 못 들은 척 하려해도 신경이 안 쓰이는 건 아니라고? 그럴 거야. 흔히 말하는 결혼 적령기, 혼기를 놓치면 어떻게 하냐는 어른들의 걱정은 부모님 노릇의 거의 마지막 통과의례 같아.^^ 내 주변에도 과년한 자녀들의 결혼을 걱정하시는 분들이 많아. 늦다면 늦은 결혼을 한 선생님 역시 그런 부모님과 주변 어른들께서 작정하고 하시는 '노처녀 갈구기'를 당할 만큼 당해봤다. 주변 친구들이 하나씩 둘씩 시집을 가는데 다니던 직장 그만두고 대학원에 진학하겠다고 했을 때, "결혼이 먼저지 이 나이에 공부가 웬 말이냐" 하면서 눈물로 말리시던 엄마와 싸웠던 기억도 새

롭다. 문제는 부모님들의 과한(?) 걱정이 시대에 맞지도 않고 말도 안 된다고, 심지어 믿음이 없는 행태를 보이시는 것이라고 열나게 싸웠어도, 돌아서면 그 걱정이 내 맘에 남는다는 것이지. 은혜도 지금 살짝 그런 염려를 마음에 담은 건 아니니? 그래서 그런 질문을 한 거지? "결혼 적령기가 과연 있는 것이냐?"고 말이다.

결혼 적령기, 있다! 없다!

'결혼 적령기'가 있나? 보편적으로 사람들이 집중적으로 결혼하는 시기가 있긴 하지. 친구들이 하나 둘씩 결혼하는 것을 보면 은혜도 결혼 적령기에 들어섰다고 볼 수도 있고. 우리 은혜가 결혼 적령기라……. 아~ 이거 좀처럼 입에 붙지 않는 표현인데.^^ 암튼, 통계적으로 사람들이 가장 많이 결혼하는 연령대인 '결혼 적령기'가 우리 젊은이들, 특히 자매들에게 멍에가 되는 건 아닌가 싶어. 결혼할 상대도 없고, 아직 그런 마음도 없는데 단지 나이가 늘었다는 이유만으로 무작정 결혼이 강요되는 것은 아닌가 하고 말이다. 그런 외부의 강요가 없는 경우에도 스스로 초조해 하는 것은 마찬가지인 것 같아. 어느 문화 인류학자는 이렇게 말하더구나. "여자에 대해 '싱싱한' 젊음과 미모를 무엇보다 중요한 교환가치로 여기는 자본주의 상업문화가 만들어서 지우는 멍에"라고 말이다. 그야말로 조금이라도 상품가치가 있을 때 팔려가야 한다는 얘기지. 맞는 말인 것 같아. 결혼 적령이라는 기차가 서서히 나를 지나쳐 버리고 있는 것은 아닌가 하는 불안이 들 때마다 이것은 사람이 만들어낸 잣대라는 생각을 분명히 하는 게 필요할 것 같아. 결혼해서 너무 아까운 연예인을 보고 '품절남, 품절녀'라고 부르더라. 어쩌면 그렇게 말 한마디로 싱글들의 안타까운 심정을 잘 담아냈는지. 주변의 좋은 남자들이 차례로 결혼해서 더 이상 내 남자가 될 수 없는 '품절남'이 된다 하더라도 초조해 할 필요 없어. 결국 너만의 그 남자는 네가 만나주는 그 날까지는 결코 품절남이 될 수 없을 테니까. 그러니 안심하고 다녀오렴.ㅎㅎ

하나님은 우리를 하나하나 고유한 방식으로 사랑하시기에 그분의 계산법으론 아마 '결혼 적령기'가 사람마다 다 다를 거야. 은혜의 결혼 적령이 다르고, 윤미의 결혼 적령이 다르고, 채영이의 결혼 적령이 다르고 말이야. 사랑하는 자녀들을 싸잡아서 도매금으로 넘겨버리는 분이 아니라는 말이다. 하나님은 자녀들에게 각각 최적의 시기에 최적의 배우자를 주시는 분이야. 그걸 믿고 기다리는 사람은 준비된 선물을 받게 될 거다.

선생님 친구 중에 나이 서른이 넘도록 이성교제 한 번 해 보지 않고, 남자에게 손목 한 번 안 잡혀 본 친구가 있었어. 주변에서 은근히 걱정도 했고, 잘 드러내지 않았지만 본인은 더 많이 초조했겠지. 그렇게 연애 한 번 못 해 보고 품절남의 바다에서 외로이 떠돌던 친

구가 어느 날 정말 괜찮은 분을 만나 결혼했단다. 염려와 불안을 넘어 오래 기다린 친구에게 안겨주신 선물 같았어.

은혜를 향한 유일무이한 시간표가 있음을 이미 경험했지? 학교를 졸업하면 그렇게 가고 싶었던 어학연수가 무산됐을 때 실망했지만 갑작스레 연애를 하게 되었고, 또 한참 연애가 뜨거울 때 공부의 길이 열려서 헷갈렸지만 결국 이때 나가게 되었잖니. 부모님께도 무조건 반발하지 말고 차분히 은혜의 믿음을 말씀드리렴. 같은 마음으로 기도하며 기다려주실 거야.

하나님께로 말미암은 배우자

이 편지를 쓰면서 잠언 말씀이 떠올랐다. "집과 재물은 조상에게서 상속하거니와 슬기로운 아내는 여호와께로서 말미암느니라"(잠 19:14). 슬기로운 아내는, 즉 "좋은 배우자는 여호와께로서 말미암는다"라고 해석할 수 있겠지? 굳이 구별해 보자면 결국 배우자를 주시는 분은 하나님이시고, 배우자를 얻기 위해서 내가 할 수 있는 일은 매우 제한적이야. 내가 할 수 있는 일이란 기대하며 낙심하지 않고 잘 **기.다.리.는.일.** 이것이지 않을까? 기다림의 시간을 '남친이 없어서 2퍼센트 더 불행한 하루'가 아니라 '여호와로 말미암은 배우자를 기대하는 소망 있는 하루'로 사는 것이 더 좋은 선택일 것 같아. 온갖 불안함을 유발하려는 세상의 잣대들을 좀 더 정신 차리고 바라볼 필요가 있어. 공부하러 나가서도 외로움과 함께 찾아오는 이런 류의 불안에 대비해 마음을 무장할 필요가 있겠다 싶구나.

아무나 누릴 수 없는 좋은 기회야. 가서 열심히 공부하고 싱글만이 가질 수 있는 자유를 충분히 누리렴. 그 자유의 시간들이 은혜를 더 준비된 사람이 되게 할 거야. 더 멋진 은혜가 되어서 품절남 걱정 대신 언젠가 은혜가 가장 아까운 품절녀가 되어 세상을 조롱해주렴. 건강 잘 챙겨. 그리고 여기 있을 때보다 더 자주 소식을 전해줘야 노파심쟁이 선생님이 걱정을 덜 할 것 같으니 알아서 하도록!^^

No를 No로,
Yes를 Yes로 받는 아름다움

지난 메일에서 2년을 계획하고 어학연수를 떠났던 은혜가 돌아왔습니다. 조기귀국이냐고요? 아닙니다. 계획대로 2년의 일정을 마치고 돌아온 것입니다. 그러니까 방금 당신이 넘긴 한 페이지는 2년짜리입니다. 한 페이지를 넘기는 동안 은혜와 선생님 사이에는 연속극같이 2년의 세월이 훌쩍 지나가 버렸다는 얘기지요.

와우~ 반갑다, 은혜야!

2년여 동안 멀리서 간간이 소식 듣다가 같은 서울 하늘 아래서 메일 받으니 기분이 새롭다. 지난번에 만났을 땐 너무 반가웠어. 몸도 마음도 훨씬 건강해진 것 같고 좋아 보이더라. 얼굴 보고 온 지 얼마 안됐는데 이런 뜻밖의 메일을 받게 될 줄은 생각도 못했네.^^ 4년 전 처음으로 받았던 은혜의 첫 메일이 생각나기도 했어. 무엇보다 이 서프라이즈한 재회의 소식은 잠깐 내가 잘못 읽었나 싶은 정도였다. 그간 은혜랑 연애 얘기를 주고받으면서 예전 젊은 시절로 돌아간 것처럼 덩달아 설렌 적이 많았지만 단연코 이번이 최고로구나. 이런 기적 같은 일이! 가끔 소설 같은 연애담을 주변에서 실제로 듣기도 한다만 우연히 J군을 서점에서 만난 일. 그리고 그 우연한 만남을 전후로 한 너희 둘의 행보는 지어낸 얘기처럼 흥미진진하구나.^^ 맞아. 지난주 우리가 만나고 헤어지는 길에 네가 서점에 들른다고 했었지. 그러니까 바로 그 서점에서 J를 만난 거야? 우리 둘이 J 얘기를 너무 많이 해서 귀가 간지러웠나?ㅎㅎ 하고 많은 서점 중에 그 서점에서, 어쩜 그 시간에 거기 함께 있게 되었을까? 그 일이 꼭 우연이 아니라 필연 같다는 말이 진짜 소설 속 표현 같다야~

잘 견뎌온 시간들

그날 은혜를 만나고 집에 돌아오는 지하철 안에서 "이젠 은혜에게 상담 메일 받을 일이 없겠다" 하는 생각을 했단다. 멀리 나가 있던 지난 2년 동안 은혜가 많이 깊어지고 내면도 단단해졌다고 느꼈거든. 연애든 진로든 선생님의 도움 없이도 잘 선택하고 이제 예전보다 훨씬 덜 흔들리겠구나 싶었어. 무엇보다 대견스러운 건 J로 인해서 아팠던 상처들이 깊은 기도와 묵상을 통해서 잘 아물어가고 있다는 거였어.

어학연수를 떠나기 전에 J와 헤어지고 나서 했던 너의 울음 섞인 말들이 내 마음에 남아 있단다. "세상의 기준으로 사람을 선택한 것

도 아니고, 저는 정말 오빠의 중심이 하나님을 향하고 있다는 그것만 본 것 같은데요, 기도하면서 이 사람을 선택했다고 생각했는데요, 이 사람을 선택하면서 감수할 현실적인 어려움들이 많지만 기꺼이 감수하겠노라고 한 선택인데, 왜 제게 이런 일이 있는 거죠? 저는 분명히 하나님이 Yes라고 말씀하신 줄 알았어요. 그건 그저 제 확신일 뿐이었을까요?" 그렇게 J에 대해서, 하나님에 대해서 원망과 분노가 가시지 않은 채 떠난 거였지. 그 말을 생각하며 선생님도 내내 마음이 아팠어.

2년 만에 다시 만난 은혜는 "나는 경제력, 사회적 능력보다 사람 자체를 보는 눈으로 선택했다"는 자의식조차도 내려놓은 아름다운 모습이구나. 확신하는 선택이지만 그 선택의 결과가 결국 해피엔딩이 되지 않을 수도 있다는 것을 받아들이는 한결 성숙해진 모습이랄까? 하나님의 사랑이나 섭리가 의심이 되고 원망스럽기까지 하다는 너의 메일에 꾸짖지 않고 선생님 역시 하나님이 원망스럽다고 했던 것이 그렇게 힘이 되었다고? 용기 내어 해 본 '원망의 기도'가 가장 정직한 기도로 이끌어주었다니 내가 오히려 고맙다.

이런 모든 얘기를 들으면서 맨 처음 '뜬금없는 메일'이라며 연애에 관해서 물어왔던 때를 생각했어. 외로움과 사랑, 거절감 등 여러 일을 겪은 후 만난 J군이었지. 예쁜 사랑을 만들어가며 결혼과 진로 사이에서 고민하기도 하고 둘 사이의 여러 차이점들로 힘들어하기도 했었어. 그러다 돌연한 헤어짐과 그 모든 걸 뒤로하고 떠났던 2년의 (은혜의 표현대로) 광야와 같은 시간이 지났구나. 마음 가는 대로, 그저 외롭다고 쉽게 사람 만나 사귀면서 "아님 말고" 하는 이 세대 로맨스의 길을 거스르려 했던 과정이었다고 평가해주고 싶어. 성경에서 속 시원히 말해주지 않는 연애의 구체적인 문제들에 대해서 굳이 하나님의 마음을 읽어내려 하던 은혜의 지난 시간들을 칭찬하고 싶다.

갑작스런 재회와 고백

이제 은혜는 최고의 배우자를 선물로 받을 일만 남았구나 하고 있었다. J 역시 지난 2년의 시간을 그냥 보내지 않은 것 같구나. 은혜가 귀국했다는 소식을 듣고 온통 은혜 생각이 J의 머릿속에서 떠나질 않았다고? 이제나 저제나 연락을 하려고 마음의 준비를 하고 있던 차였다는 거지? 일이 손에 잡히지 않아 잠깐 바람 쐬러 나간 서점에서 은혜를 만났다니, "너무 은혜 생각에 사로잡혀 있어서 헛것을 봤나" 했다는 J의 말 완전 공감됨!ㅎㅎ 그 짧은 순간 "이 여자 절대 놓치면 안 되겠다"는 확신이 들었다고? "이 몸과 세상 간 곳 없고 몇 미터 앞에 서 있는 은혜만 보였다"는 표현, 진짜 영화 같고 재밌고 부럽고 설렌다. 에고, 우리 은혜는 이 상황이 받아들이기 어렵고 혼란스럽다는데 선생님이 너무 주책없이 들떠 있나? J에 대해서

이미 마음의 정리가 끝났을 뿐 아니라 그 과정이 어떻게 은혜를 자라게 했는지에 대해서 열띠게 나눈 직후의 만남이었으니 좀 당혹스러웠겠지. 하나님이 No라고 하신 것을 No로 받아들였더니 전에 없던 적극적인 태도로 다시 다가오는 J를 어떻게 받아들여야 하냐고? 그 답은 이미 은혜에게 있지 않냐? 다시 시작해야 하나 말아야 하나를 물었지만 너의 메일 구석구석에 이미 다시 시작한 심증들이 엿보이는데…….^^

참 희한하구나. 어쩜 두 사람 다 지난 2년을 서로에 대한 어정쩡한 미련이나 분노에 에너지를 뺏기지 않고 오롯이 상황을 받아들이고 각자 자기를 돌아보았는지……. 이거야말로 하나님의 은혜구나. 그렇게 각자가 아무 의도 없이 하나님 앞에서 자신을 돌아보는 동안 너희 둘 사이에 가장 어려웠던 문제가 자연스레 사라져버린 듯 보이는 거 알겠니? 은혜가 J에게 가장 힘들어 했던 부분이 그거였잖아. 둘의 관계나 결혼에 대해서 소극적이고 미온적이라는 것 말이다. 그런 태도들이 표면적으로는 문자를 씹는다든지 하는 행동으로 나오고 그게 반복되면서 은혜는 힘들어지고 말이다. 반대로 J는 그런 것들을 다그치는 은혜의 말과 행동에 '집착'이라는 느낌으로 버거워 하기도 했었잖아. J가 자신을 돌아보며 소심함 뒤에 숨은 낮은 자존감을 발견했다니 귀하고 대견하다. 깊이 있게 자기를 돌아보고 얻은 확신이기에 지금 하는 말과 행동은 은혜의 우려와는 달리 쉽

145

게 달라지지 않을 거라는 생각이 드는구나.

지금 그리는 작은 그림

생각해 보니, 2년 전에 두 개의 아름다운 'No'가 있었구나. 여전히 사랑하는 마음이 있지만 버거운 그 상태를 해결할 자신이 없어서 헤어짐을 결정하며 J가 선택한 'No' 카드. 그러한 선택으로 자신이 비겁하고 소심하게 비쳐질 것을 감수하고 선택한 카드였을 거다. 또 믿었던 J에게 충분한 해명도 듣지 못한 채 헤어짐을 통고 받아야 했던 은혜. 역시 사랑하는 마음이 있었고 더 매달려 보거나 설득을 위한 잔머리를 굴릴 수도 있었지만 그대로 'No'를 받아들인 은혜. 은혜가 더 힘들었던 건 그 'No'를 하나님의 'No'로 받아들이는 것이었지? 가끔 이성교제 문제에 있어서 끈질긴 기도로 응답을 받겠다는 미명 하에 자신의 욕심을 끝까지 포기하지 않는 친구들을 보면서 안타까움을 느끼곤 해. 그런 의미로 바라보니 2년 전 너희의 모습이 새삼 아름답게 느껴지는구나.

지금 은혜에게 있어서 'Yes'를 'Yes'로 받는 것도 같은 맥락인 듯 싶어. J와의 인연은 거기까지였고, 결국 'No'라고 말씀하신다는 것을 받아들이는 과정이 고통스러웠지만 얻은 열매가 있었지. 그러나 예전에 'No'였기에 지금 상황이 아무리 달라져도 내게는 'Yes'일 수 없다고 우기는 것은 또 다른 '믿음 없는 행동'일지도 몰라. 하나님의

뜻은 순간순간 기대하며 지금 여기서 확인해갈 뿐이지 마지막 큰 그림은 다 알 수 없을 거야. 소설처럼 우연히 다시 만났다고 해서 하나님이 초자연적으로 역사하셨다는 해석을 하는 것은 아니다. 다만 네가 느끼고 말하는 것처럼 헤어질 당시에 문제가 되었던 것들이 지금은 하나도 문제가 아니라는 것과 여전히 너희 둘이 사랑하고 있다는 것은 'Yes'의 신호가 아니겠냐는 거야. J가 고백한 내용들, 즉 2년 전의 문제는 스스로의 낮은 자존감과 자기 존재에 대한 불안함이었다는 것과 결코 은혜를 놓쳐서는 안 되겠다고 하며 보여주는 확신의 말들에 깊은 평안을 느낀다면서? 네가 보내온 메일에서도 시종일관 잘 모르겠다고 했지만 두려움이나 불안함 같은 것들은 느껴지지가 않더구나.

선생님의 생각은 그러하다만 결국 다시 만남을 이어갈지 말지는 은혜가 선택해야겠지. 지금 선생님이 하나도 염려가 되지 않고 오히려 살짝 구름 위에 뜬 것 같은 설렘이 있는 것은 은혜에게서 오는 깊은 평안의 기운 때문인 것 같아. 기대를 가지고 지켜보마. 조바심도 두려움도 없는 지금의 은혜라면 어떤 선택을 해도 최선의 선택이 될 거다. 'No'와 'Yes' 카드 중에 우리 은혜가 이번에는 어떤 카드로 답할까?^^

커플끼리 신앙 공동체 되기,
왜 못해? 왜 안 해?

최종 테스트 미션 통과

내가 그럴 줄 알았지. 그 서점에서의 우연 같은 필연 또는 필연 같은 우연의 만남, 그 순간에 너흰 이미 다시 시작한 거야.^^ 지난 번 메일은 네가 애써 인정하길 피하더라만, 이미 핑크빛이었어. 정식으로 축하한다. 네가 제안한 대로 J군이 너희 부모님을 찾아뵙고 인사를 드린다면 결혼이 급물살을 타게 되는 거 아냐? 올해가 가기 전에 우리 은혜 웨딩드레스 입는 거 아니니? 아, 생각만 해도 너무 예쁠 것 같고 마구 설렌다. 매번 네게 답장을 쓸 때마다 느끼는 건데 왜 이리 내가 주책없게 들뜨고 호들갑이냐? 어쩌면 인생에서 가장 빛나는 보석 같은 시기는 결혼을 전후로 한 때가 아닐까 싶어. 결혼을 하지 않은 사람들은 다가올 그 순간을 기다리며, 결혼한 사람들은 그 시절을 추억하고 동경하며 설레는 그 설렘으로 한 번씩 로맨티스트가 되는 것이 아닐까? 사랑하는 은혜의 보석 같은 순간들을

이렇게 가까이서 함께 나눌 수 있어서 행복하구나.

  J군에게 던진 최종 테스트 미션, 맘에 든다. 너희 처음 교제할 때는 당장이라도 결혼할 것처럼 보이던 J가 갈수록 '결혼'에 대한 얘기만 나오면 경직되곤 한다고 했었지? 그런 상태에서 부모님을 찾아뵙고 인사드린다는 건 상상도 하기 어려운 일이었고. 그랬던 J에게 "지금 당장이라도 우리 부모님께 인사드리러 갈 수 있겠냐?"고 던진 말에 은혜나 은혜 부모님 앞에서 그렇게 자신이 없던 J군이 두 번 생각도 안 하고 부모님을 뵙고 싶다, 허락 받고 싶다면서 믿음직한 모습 보여줬다니 새삼 감사하다. 너희 부모님 역시 J군이 하는 일이나 가정환경 등으로 은근히 반대하셨는데 지금은 긍정적인 관심을 보이신다고? 은혜가 그렇게 고민하던 것들이 물 흐르듯 흘러가며 해결되어 가니 그분의 때, 그분의 뜻 이루심을 찬양하게 된다.

결혼은 일상이고 현실이니 핑크빛 환상을 깨라고?

  이제 결혼이 현실적인 일이 되었고 결혼을 준비하며 더 의미 있는 데이트를 하고 싶다고 했니? 으이그, 우리 은혜 어찌 그리 예쁜 생각만 골라서 하니? 이제껏 너희 둘이 가져온 만남이 그 자체로 의미 있는 알찬 준비였다고 생각해. 하지만 결혼이 확정된 상태에서 그저 만나서 밥 먹고, 차 마시고, 영화 보고 하는 일정 정도의 애정 행각(?)을 하는 것으로 시간을 보내고 싶지 않다는 마음이 귀하다.

무언가 결혼을 위해서 마음의 준비를 하고 싶은데 어떻게 해야 할지 모르겠다고? 조심스레 J에게 제안을 해봤는데 말이 잘 안 먹히더라는 거지? 만나서 데이트할 때마다 많은 얘기 나누고 있고 그게 서로를 더 알아가는 것이고 결혼을 준비해 가는 것이지 뭐가 더 필요하겠냐고 하더라고? "둘이 만나서 결혼을 위한 준비기도회를 하랴? 큐티 나눔을 하랴?" 그랬어?ㅋㅋ 이 친구 이거, 그저 만나면 다 소용없고 으슥한 곳에 가서 뽀뽀나 하면 좋겠는 거 아냐?

이제부터 선생님이 하는 얘기는 J도 함께 읽으면 좋겠구나. 예전 선생님이 싱글이었을 때 교회 선배 커플의 신혼집에 놀러간 적이 있었어. 두 선배 다 공동체 안에서 내로라하는 리더들이었고 그 둘이 결혼해서 사는 소꿉장난 같은 신혼집은 그야말로 우리들의 로망이었지. 신혼집 집들이 한두 번 가본 게 아닌데 유난히 그날이 잊히지 않는 이유가 있단다. 지금 너희도 그렇겠지만 결혼한 선배 집에 초대받아 간다는 것 자체가 '결혼하고 싶어 미치게 만드는' 염장 백만 볼트를 각오해야 하는 거 아니겠니? 두 선배가 공동체에서 보여준 모습들 때문에 내가 유난히 존경하고 기대도 많았었나 봐.

식사를 마치고 신혼부부의 얘기를 듣는 시간이었어. 둘 다 워낙 찬양을 좋아하는 사람들이니까 "둘이 함께 집에서 찬양도 하고 그러냐?"고 누군가 물었어. 그랬더니 새 신랑이 그렇게 답하더라. "허허허…… 찬양? 결혼들 해보세요. 결혼하고 기타를 꺼내 보지도 못했네요. 하긴 이러면 안 되는데……. 사실 결혼하고 큐티를 해 본 적이 없거든요. 공동체에서 매주 하던 모임이 없어지니까 흐트러지는 것 같아요. 결혼은 일상이거든요. 다들 결혼하기 전에 열심히 큐티를 하고, 열심히 찬양하고, 열심히 봉사하고 그래요~ 결혼해서는 뭐 그냥 열심히 사는 거죠. 퇴근하면 저녁 해먹고 빨래나 집안일 좀 하고, 텔레비전 좀 보고 이러면 시간 다 가요. 다음 날 둘 다 출근해야 하니까 또 자고, 자면 아침이고……. 결혼은 일상이고 현실이란 걸 알아야 해요. 핑크빛 환상은 오늘 다 깨고 가요. 허허허……."

계속되는 질문과 대답 속에서 처음 선배 집에 들어서며 집안의 인테리어며 연예인 같은 결혼사진들에 연발했던 감탄사는 점점 사그라져 갔어. 단지 함께 찬양하거나 말씀 묵상을 나누는 일이 없다는 얘기 때문이 아니었던 것 같아. 뭐 결혼이 교회개척을 하는 것도 아니고 그런 것들이 필수사항은 아니니까. 다만 두 사람의 사는 모습은 그냥 그렇고 그래 보였어. "안 믿는 직장 선배들도 다 저렇게는 살던데……" 하는 생각을 하면서 그날 일기를 썼던 것 같다.

지금부터 준비해야 하는 결혼 생활 영성

그 선배의 말이 맞아. 결혼은 밥 먹고, 치우고, 청소하고, 빨래하고……. 나중에는 아이를 낳아 양육해야 하는 책임의 연속이야. 그리고 일상은 그 책임감을 감내하는 것으로도 벅찬 하루하루일지도 몰라. 그런 의미에서라면 핑크빛 환상을 철저하게 깨야지. 하지만 이런 식의 핑크빛 환상은 키우고, 물 줘서 열매 맺게 해야 해. "그 거대한 일상에 맞닥뜨려 우리는 여타 세상의 부부들이 가지 않는 길을 가련다. 밥 먹고, 청소하고, 아이 낳고, 집을 사는 일상 가운데 깊숙하게 뿌리내린 영성의 삶을 살리라. 그 바쁘고 책임감에 눌리는 전쟁 같은 일상 속에서 우리는 서로에게 가장 안전한 공간으로서의 가정을 제공하기에 힘쓰리라. 비록 이제껏 부모님과 살았던 세월 동안에는 교회와 가정의 삶이 따로따로였지만 앞으로 우리가 만들 가정에는 교회 공동체의 모든 선한 것들을 품으리라. 그럴 수 있으리라."

이런 핑크빛 환상 말이다. 그러기 위해서는 그 거대한 일상에 맞닥뜨려 기선제압 당하고 깨지기 전에 선제공격을 하는 거야. 선제공격이라는 것은 다름 아닌 결혼 생활의 뚜껑을 열기 전, 바로 지금의 데이트 속에서 둘 만의 영적 공동체 틀을 만드는 것이라 생각한다. "사랑하고 있고, 하나님의 예비하심 끝에 결혼하게 되었고, 결혼을 했으니 이제 결혼의 선물을 감사히 받고 살던 대로 살자" 하면 세상의 많은 부부들이 가는 길로 가기 십상이야.

선생님이 늘 말하듯 외로운 싱글은 외로운 기혼자가 되고, 분노하는 싱글은 분노하는 기혼자가 된다. 마찬가지로 너희가 지금 자연스럽게 말씀 묵상한 것을 나누고, 어려운 문제를 만났을 때 함께 기도하는 일이 일상화되지 않는다면 결혼 생활 속에서 그런 걸 시

작하기는 더더욱 어려울 거야. 신뢰하는 교회친구들과 말씀묵상을 통해 나누면서 깨달은 죄, 받은 위로를 가장 사랑하는 남편과 혹은 아내와 나누지 못하는 것을 어떻게 생각하니? 가족끼리 부부끼리 쑥스럽게 무슨 기도제목을 나누느냐고? 데이트는 애인과 하고 신앙의 나눔을 교회 가서 하는 건 옳지 않아.

  너희 둘이 먼저 가장 좋은 영적 공동체, 소그룹, 셀, GBS 모임이 되거라. 쑥스러워도 차 안에서 같이 기도하는 것 시도해봐. 같은 묵상지로 큐티를 하면서 기회가 되는 대로 말씀 묵상한 것을 나눠 봐. 가정을 세우는 데 도움이 될 만한 책을 정해서 함께 읽고 데이트 때마다 소감을 나누는 것도 좋을 거야. 그러다 보면 각자 결혼에 대해 갖고 있는 그림이 드러날 거고 두 개의 그림이 자연스럽게 한 장의 청사진이 될 수도 있지 않겠니? 굳이 결혼이 임박하지 않았다 하더라도 데이트 자체를 풍성하게 하기 위해서도 이런 시도들은 많은 유익을 줄 거라 믿어. 이 분야에는 좋은 책들이 정말 많지만, 폴 스티븐스의 「영혼의 친구 부부」(IVP)를 추천하고 싶은데 조금만 기다려라. 너희의 '연애 시즌2' 시작을 축하하는 선물로 선생님이 보내줄 게.

  너희의 데이트가 로맨스뿐 아니라 영적인 소망도 함께 품게 되길 바란다. 그래서 너희 둘의 만남이 세상에 둘도 없는 신앙 공동체, 영적 공동체가 되기를 기도하며 이만.

선배 언니 가라사대,
"나를 따르라! 세속의 결혼으로!"

"나를 따르라! 세속의 결혼으로!"

많이 긴장했지? 휴우~ 내가 다 안도의 한숨이 나오네. 미래의 시어머님께 처음 인사드리는 자리, 그 자리를 향해 가는 떨리는 발걸음이라니……. 어디 채용면접에 비하겠니? 일주일 사이에 양가 부모님께 인사드리는 걸 잘 치러냈구나. 네 메일 읽으면서 맨 처음 남편 부모님께 인사 갔던 날이 떠올라서 나 혼자 또 실실거리고 있어. 내향적이신 시부모님과 완전 쫄아 있는 며느리 후보생, 그 사이에 처세에 약한 아들이 한자리에 앉아 있던 그 손발 오그라드는 민망한 자리……. "아가씨, 고향이 어디예요?" 하며 조심스레 질문하시던 시아버님의 목소리를 떠올려보니 요즘에 "에미야!" 하시며 살갑게 전화하시는 그 아버님과 같은 분인가 싶다. 이제 부모님들이 함께 만나시는 상견례만 남았네. 홀로 계시는 시어머님을 생각해서 두 어머님들만 모시고 함께하는 시간을 따로 가진다니 세심한 배려의 마음

이 예쁘구나. 그런데, 어떡하냐? 그 자리는 더 어려울 텐데.ㅋㅋ 결혼이 쉬운 게 아닌 것이니라~^^ 그래, 날 잡히는 대로 선생님한테 연락 주고……. 결혼이 급물살을 타고 있어서 이젠 은혜 메일보단 청첩장을 기다려야겠구나.

선배 언니를 넘어라?!

막상 결혼이 현실이 되니 염려되는 것들이 많지? 준비를 하다보면 실제로 J나 그의 어머님과 친밀함이 생기기도 전에 갈등을 먼저 겪게 될 수도 있을 거야. 혹여 오해나 갈등이 생기더라도 이제껏 그래왔던 것처럼 지혜롭고 순결하게 잘 해결해 가리라 믿는다.

은혜야! 너 혹시 우리나라 교육문제에서 넘어야 할 가장 큰 산이 뭔 줄 아니? 뜬금없는 교육문제냐고? 우리나라 교육문제는 옆집 아줌마만 넘어서면 된다더라. 무슨 얘신시 느낌이 팍 오시? 옆집 아줌마와 비교하며 받는 스트레스, 옆집 아줌마 아들을 보며 밀려오는 불안감……. 뭐 이런 거겠지? 난 이건 정말 위대한 발견이라고 생각해. "아, 내가 지금 내 아이를 닦달하는 것이 다름 아닌 아까 옆집 아줌마 아들이 올백 맞았다는 그 얘기 때문이구나. 괜한 불안함이 내 아이를 잡는구나. 그만 해야지" 하는 엄마가 늘어날수록 우리나라 교육문제는 나아질 거다. 이 정도로 너스레를 떨어놓고 다시 퀴즈 하나! 결혼을 준비하는, 또는 결혼 생활을 하는 여자들에게 넘어야 할 가장 큰 산은 무얼까? 우리의 건강한 결혼 생활을 위협하는 가장 큰 적은 누굴까? 가장 가까이서 가장 그럴 듯한 말로 내 안에 있는 세속적 욕망과 두려움을 자극해주는 사람들. 빙고! 선배 언니 되겠습니다.

지금 은혜의 마음에 끼었다는 먹구름도 가만히 살펴보면 선배 언니들과 나눴다는 대화에서 비롯된 게 아닌가? "가난하게 산다는 것, 말처럼 쉬운 일이 아니다. 홀로 계신 어머님의 외아들, 그것도 보통 일이 아니다……." 이런 걱정들 말이다. 쉽지 않은 과정을 거치며 결혼을 결정한 은혜에게 이제 와서 무슨 도움이 안 되는 걱정이란 말이냐. 수년 전 처음 J를 만날 때 이미 충분히 고민했던 부분 아니었니. 그리고 은혜 스스로 확신을 가지고 선택한 것이었고……. 이해는 된다. 결혼이라는 가보지 않은 길을 바라보면서 느낄 두려움, 앞서 그 길을 갔다는 사람들의 말을 하나하나 새겨듣게 되는 전에 없던 민감함도 말이다. 하지만 불안할수록 더 차분히 분별하려고 하는 지혜가 필요한 것 같아.

"너희만의 검소한 결혼식을 한다는 것도 다 좋은데 아무리 그래도 결혼 예물은 다른 여자들이 받는 것만큼 받아야지, 안 그럼 나중에 두고두고 후회한다"는 말도 마찬가지야. 이 언니들은 은혜가 결혼하고 난 후에는 분명 이런 식의 코치를 할 거다. "무조건 결혼

초에 남편을 길들여야 한다. 남편은 처음에 기선제압을 해야 하고, 시댁에는 잘하면 안 된다. 잘하면 잘할수록 더 기대하기 때문에 너만 힘들어진다. 그러니 시댁에는 처음부터 적당히 해라. 경제권이 누구에게 있든 남편 몰래 비상금은 따로 마련해야 한다……." 이 얼마나 피가 되고 살이 되는 영양가 있는 조언이란 말이냐. 정말 경험에서 진하게 우려낸 실용적인 안내문 아니냐?^^ 지금 은혜의 마음속에 있는 두려움과 슬픈 헤아림을 이렇게도 잘 끄집어내어 정리해 주는 언니들의 목소리라니! 정말 널 위해서 해주는 말인 것 같고, 본인이 살아봐서 몸으로 얻은 노하우인 듯해서 더욱 귀에 쏙쏙 들어오지? 이 지점에서 '목적이 이끄는 결혼 생활에 있어 최고의 적은 회사 언니'라는 위대한 발견^^을 떠올려야 한다. 우리의 마음 한 편에 숨은 세속적 욕망과 두려움, 그걸 자극해 증폭시켜 주는 수많은 선배 언니들. 지금 은혜를 감싸는 불안은 바로 그 언니들의 작품이다.

하나님이 가라사대 vs. 언니가 가라사대

비단 결혼뿐 아니라 삶의 모든 영역에서 그런 것 같아. "세상의 가치관은 가깝고 하나님 나라 방식은 멀리 있다. 말씀은 멀고 직장 선배는 늘 가깝다." 선생님도 예전에 직장생활하면서 경험했던 것이지만, 점심시간마다 모여 앉아 일상을 나누는 여직원들의 수다에는 삶의 모든 지혜가 다 들어 있는 듯 보여. 언니들과 나누는 수다의 백

미는 바로 이것이지. 조금 먼저 연애를 한 언니가 조금 먼저 결혼하고, 아이를 양육한 언니들이 자신만의 노하우를 앞다퉈 전수하기. 그런데 언니들이 전수하는 것들이란 하나 같이 은혜가 최근에 들었다는 바로 그런 내용이라는 거야. 결혼을 앞두거나 결혼한 많은 그리스도의 여제자(?)들에게 머리로 아는 하나님 말씀과 일상에서 손쉽게 꺼내 쓰는 선배 언니 말씀이 따로따로인 걸 많이 봤어. 은혜가 이렇게 결혼을 앞두기까지 선생님과 많은 메일을 주고받으며 나눈 것이 결국 가까운 곳에 있는 세속의 가치관에 맞서고 멀리 있는 듯 보이는 하나님 나라 방식을 찾겠다는 몸부림 아니었니? 갑작스레 결혼 진행에 가속도가 붙고 그러면서 생기는 두려움과 적절히 섞여 불안을 가중시키는 것들의 실체를 명확하게 보길, 막연한 두려움의 창을 걷어내고 평안의 옷을 입기 바란다.

검소한 결혼식을 하려는 너희의 생각에 박수를 보낸다. 커플링 하나씩 하는 것으로 예물을 대신하고, 예단 문제에 있어서도 어떻게든 부모님들을 설득해 보겠다는 결심 또한 용기 있는 선택이다. 막상 부모님들과 이 문제를 협상하려고 하면 생각보다 어려운 일들이 많겠지만 남들이 한다고 다하는 길로 가지 않겠다는 뜻이 얼마나 귀한지……. 자신들이 걸어온 길을 따르지 않는 너희에게 세속의 많은 선배들과 언니들은 "나중에 후회한다. 결혼은 일생에 한 번 있는 일인데……" 하며 자신과 같은 길을 가자고 속삭일 거야. 그렇

지만 흔들리지 말고 두려움 없이 그 길을 거슬러 너희의 길을 가거라. 많은 사람이 가는 길이 아니기에 외롭겠지만 너희는 분명 좀 더 좋은 편을 택해서 가고 있는 거라고 자신 있게 말할 수 있어. 은혜가 옳아! 그 언니들이 틀린 거야. 왜냐하면 경제력을 보고 결혼하고, 때는 이때다 하고 받을 수 있는 만큼 최대한 예물을 챙기고, 신혼 초부터 남편을 기선제압하고, 남편 몰래 어찌어찌 비상금을 두둑이 쟁여놓고, 시댁과 적당한 거리를 두면서 계산기 두드리고 사는 언니들이 진정으로 행복해 보이든? 누가 뭐라고 하든 은혜는 슬픈 헤아림 없는 천국의 길을 가고 있다. 마음의 먹구름이 좀 가셔지니?

서로에게 힘이 되어

이제 본격적으로 결혼준비를 하게 되면 싸워야 할 관습이 훨씬 더 많다는 걸 알게 될 거야. 그 싸움의 대상은 사랑하는 부모님일 가능성이 많고, 그러다 보면 너희 둘 사이에도 원하지 않는 갈등이 생길 수 있어. 부모님과의 피치 못할 갈등의 순간에도 그 분들에 대한 사랑을 포기하지 않길 바라네. 많은 커플이 결혼을 준비하면서 연애시절 최악의 갈등을 겪거나 결국 파경을 맞기도 하잖아. 이제 너희 두 사람이 세운 원칙들을 다시 확인하고, 공조(^^)를 공고히 할 때다. 둘이 마음을 모아서 세속의 목소리와 하나님의 목소리를 함께 분별해내는 것 자체가 아름다운 하나 됨의 시작이 될 거야. 은혜

안에서 세속의 목소리가 크게 울리면서 불안해지면, 다른 누구보다도 J에게 정직하게 얘기하고 도움을 구해. J 역시 마찬가지고. 이렇게 하는 것은 결혼을 준비하는 과정뿐 아니라 결혼 생활에서도 반드시 훈련해 가야 할 부분이란다. 이제껏 너희는 각각 세속사회에서 그분의 길을 찾느라 열심히 배우며 잘 달려왔지. 이제부턴 둘이 서로에게 힘이 되어줄 수 있을 거야. 작은 일에서부터 함께 머리를 맞대고, 때로 함께 손을 모으고 기도하면서 영원한 것을 바라보며 분별하고 선택하기를 기도한다.

결국 수많은 세속의 언니들이 안내하는 길로 가지 않을 은혜와 J의 결혼식과 결혼 생활을 미리 축하하고 축복한다. 너희의 아름다운 결혼준비를 위해서 기도할게. 안녕!

시작하는
부부에게

은혜에게

너희 커플과 함께한 저녁 시간 정말 즐겁고 행복했다. 그렇게 나란히 앉혀 놓고 보니 '하나님이 짝지어 주신'이라는 말이 이렇게 딱 맞아떨어질 수가 있나 싶더라. 너희를 보내 놓고 우리 부부는 오랜만에 신혼시절을 떠올리며 추억에 잠겼어. 짧다고 할 수 없는 싱글의 시간을 목적에 이끌림 받기 위해 애썼던 너희. 그래서 쉬운 길 놔두고 더 외롭고 먼 길 오롯이 걸어왔던 만큼 더 고운 사랑의 열매를 거두리라 믿어. 이제 둘이 하나 되어 이 시대 최고의 염장부부, 닭살부부로 우뚝 서길…….^^ 은혜의 행복한 결혼과 더불어 그간 주고받은 목적이 이끄는 연애 메일도 끝맺겠지만 은혜의 진정한 사랑 이야기는 이제부터 시작이다. 너의 주문대로(이 녀석 끝까지 선생님을 가만 놔두질 않는구나!^^) 주례문(?)을 써봤다. 주례사는 알겠는데 주례문만 따로 써내는 건 듣도 보도 못한 일이지만…….ㅋㅋ 새로 시작하는 부부에게 결혼 10년 차 선배가 들려주는 잔소리 수준에서 써달라고 하니 편안한 마음으로 잔소리 한바탕 늘어놓아 본다.

나는 속여도 남편은 못 속이는 사랑법

　선생님이 이제껏 은혜한테 제법 고상한 이미지를 잘 지키며 왔는데 스타일 무너지는 고백으로 얘기를 시작해야 할까 보다. 선생님이 결혼하고 한참 동안 남편과 함께 전임 사역을 하지 않았니. 아이를 맡기고 출근해야 하는 그 바쁜 아침에도 참으로 극진하게 남편의 아침식사 준비를 했어. 둘째를 임신하고 만삭이 되어서도 아침이면 6시에 일어나 국을 끓여 식사를 하고 출근을 했단다. 그뿐 아니라 밤에도 '좀 출출하다'는 얘기가 떨어지기 무섭게 집에 있는 재료를 긁어모아 뭔가를 만들어 바치는 것은 기본!(대단하지 않니?) 그러면서 내심 "이런 엄청난 섬김을 받다니 당신은 행운아인 줄 아서~" 하는 마음으로 끝없는 자뻑의 나래를 펴는 거지. "내 남편은 나의 이런 헌신적인 사랑으로 감동의 도가니탕이 되었을 거야. 이제 놀아올 것은 지극한 칭찬과 사랑과 존경밖에는 없어." 이러면서……. 하지만 그때마다 돌아오는 반응은 한껏 높아진 내 기대에는 가닿지도 못할 수준이었어.

　감동은커녕 다소 시큰둥하기까지 한 남편의 반응이 반복되던 어느 날, 작정하고 섭섭한 속내를 드러냈지. 그 순간, 남편의 한마디에 뒤통수를 맞고 쓰러졌단다. "나 위해서 한 거였어? 당신이 좋아서 하는 거잖아! 요리는 당신이 좋아서 하는 건 줄 알았지."
당.신.이.좋.아.서.하.는.일!

    결혼하고 한 동안 '전화' 문제는 우리 부부의 끊이지 않는 갈등의 원인이었단다. 너희 커플의 문자 씹는 얘기에 선생님이 무척 공감했던 일이 있었지? 소소한 일상을 전화나 문자로 자주 나누는 나와 달리, 왜 전화했냐는 둥, 그냥 했다고 하면 한심하다는 침묵과 함께 짧은 몇 마디로 답하는 남편의 태도 때문에 많이 속상했었다는……. 하지만 그것으로 그치지 않고, 여러 가지 일을 한꺼번에 할 수 있는 나와, 한 가지 일을 하다 흐름이 끊기면 다시 일에 몰입하기까지 많은 에너지가 필요한 남편의 차이점을 발견하면서 전화하고 싶은 마음을 여러 번 참았지. 남편 역시 "사랑은 오래 친절하다"를 되뇌며 친절하게 전화를 받으려고 노력했고. 그러다 나는 남편에게 이런 문자까지 받았단다. "여보! 요즘 왜 이리 전화를 안 해? 당신 전화가 없으니 허전하잖아~" 그럼, 나는 손가락 놀림도 당당하게 답신을 찍어 보낸단다. "요새도 용건 없이 전화하는 사람들 있나? 그런 사람들 도대체 이해가 안 돼!ㅋㅋ

"나는 내 사랑에 속을 수 있어도 남편은 얄팍한 사랑에 속아주지 않는 것 같아. 내가 할 수 있는 걸 하는지, 아니면 그 이상의 노력으로 나를 변화시켜서 사랑하는 진정한 사랑을 하고 있는지 나보다 상대방이 더 잘 알더라고. 내가 좋아해서 잘 할 수 있는 것을 가지고, 남편이 어떻게 느끼는지와 관계없이 내 방식대로 하는 것을 '사랑'이라고 착각했던 것 같아. 이 착각이 깨지면서 비로소 나는 '사랑이란 나 중심이 아닌 상대방 중심'이라는 단순한 원리를 체험적으로 배웠어. 부부가 피차 철저하게 상대방 중심의 사랑을 줄 때 비로소 그 작은 사랑으로 천국의 사랑과 기쁨을 맛보게 된다고 확신한다. 내가 남편을 진정으로 사랑하는 방식은 새벽같이 일어나 아침준비를 하는 것이 아니라 전화 한 통을 참는 일이었다는 것. 얼마나 소중한 깨달음이었는지……

1년의 선택이 50년을 좌우한다

본격 잔소리 2탄! 이제 결혼식이 일주일 남은 거지? 결혼식 마치고 부부가 된 직후부터 1년은 비상시국(?)으로 선포하기 바란다. 엥?! 이게 무슨 핑크빛 신혼 방에 잿빛 커튼을 다는 소리란 말이냐? 비상시국이라니. 결론부터 말하자면, 신혼 1년은 평생의 부부관계를 결정짓는 시기이니 만큼 각별하게 보내야 한다는 얘기야. 그 성스러운 결혼식에서 주례자께서 '성혼선포'를 하고 "하나님이 짝지우신 것을 사람이 나누지 못할지니라" 하고 선언하시면……, 으아, 이제 새로운 세계가 열리는 느낌이 들 거야. '부부라는 이름으로 묶이는 순간이니까. 그 순간부터 평생 그렇게 묶여서 살 거니까……

결혼 전에 우리가 속해 있던 그 첫 번째 가정에 대해선 우리에게 선택의 여지가 없었다고 봐. 그 가정이 행복한 가정이 되느냐, 구성원들에게 서로 고통을 주는 불행한 가정이 되느냐는 것에 대해서도 우리가 관여할 수 있는 건 많지 않았지. 하지만 우리가 결혼해서 만든 가정의 행복이나 모양새는 우리 손에 그 가능성과 책임이 있어. 선생님은 이것이 우리의 결혼에 두신 큰 소망 중 하나라고 믿는다. 이제 우리는 둘이 마음을 합하기만 하면 서로가 꿈에 그리던 가정을 조금씩 세워갈 수 있는 거야. 한데 우리 몸과 마음에 밴 결혼 전 가정에서의 습관들이 결혼식을 올렸다고 바로 내던져지는 것이 아니라는 게 문제지. 처음에야 그리도 함께하고픈 사람과 한집에서 살 수 있게 되었다는 기쁨에 들떠 '조금 다른 나로 살 수 있을지 모르지만 그게 오래 못 가거든. 얼마 가지 않아 수십 년간 보아 온 우리 부모님의 해결방식을 따르고 있더라니까. 나는 결코 그렇게 살고 싶지 않았는데 말이야. 결국 남편과 내가 가족이라는 이름으로 묶이는 처음 얼마간 '비상'이라는 의식으로 그 첫 단추를 끼우지 않으면 안 되겠다는 거야. 그것은 과거 내 가족과의 관계 맺는 방식을 훨씬 더 뛰어 넘는, 더 친밀하고 더 진실한 기준을 세우고 가야 한다는 의미야.

많은 부부가 정말 사소한 문제로 오래도록 싸운다는 생각이 들어. 몇 번 이야기했지만, 우리 부부의 전화 문제 같은 것 말이다. 한쪽에서 그렇게도 전화하는 거 좋아하면 웬만하면 친절하게 받아주

든가, 또 그렇게 남편이 낮에 전화하는 걸 부담스러워 하면 한 쪽에서 포기하든가 하면 되는데 그 간격을 좁히지 못하는 경우가 참 많아. 결혼 1년 동안, 물론 그 이후에도 마찬가지지만, 사소한 문제라고 쉽게 지나치지 말고 간격이나, 온도차를 좁히는 데 마음을 쏟으면 좋겠다. 결혼 10년이 되어서도 신혼 때와 다르지 않은 문제로 여전히 갈등하고 싸우는 부부를 많이 봐. 아직 깨가 쏟아지고 서로에 대한 환상(?)과 감사하는 마음이 충만했던, 쉽게 말해서 콩깍지가 아직 덜 벗겨진 신혼 때 해결하고 넘어갔으면 어땠을까 하는 생각이 든단다.

신혼 1년 비상시국 프로젝트!

이번에 우리 집에 와서 봤다시피 신혼 1년 비상시국의 잔재가 아직 남아 있다. 둘이 새로 시작하는 삶에 최고의 방해꾼이 될 수 있는 텔레비전을 아예 처음부터 장만하시 않았던 거지. 텔레비전에서 흘러나오는 일방적인 소음 대신 두 사람의 사랑 깊은 대화, 한껏 풀어지게 하는 농담, 함께 듣는 좋은 음악, 함께 부르는 찬양……. 이런 것으로 거실을 가득 채우기로 한 거야. 아기를 갖는 것도 이 행복한 기초 놓기가 끝나는 시점까지 여유를 두기로 했었단다. 이런 환경 속에서 충분히 대화하고 충분히 싸우고 충분히 자신을 노출할 수 있었던 것 같아. 돌아보면 그렇게 보낸 1년 덕분에 아이를 양육하며 심신이 지칠 대로 지친 나날을 보낼 때도, 심지어 잠시 부모님과 한집에 살면서 하루 종일 눈 한 번 제대로 못 맞추며 보내던 암흑기(?)에도 부부 간의 신뢰와 애정이 평균 이상의 점수를 유지할 수 있었던 것 같아.

좀 오버해서 이렇게 얘기해도 될 것 같구나. 부부가 1년 안에 해결하지 못한 숙제는 평생 지고 가야 할지 모른다고. 1년 안에 해결했으면 쉬웠을 일을 시간이 지난 다음에 하려면 어려움이 더 많을 것이라고 말이다. 1년 동안 두 사람이 합의하여 많은 원칙을 세우길 바라네. 싸우면서도 지켜야 할 최소한의 법칙에 대해 정해 보기, 그 원칙을 바탕으로 싸우며 더 좋은 원칙들을 세워 보기, 각자의 삶을 존중하는 뜻에서 시간을 따로 떼어 혼자 있게 해 주기, 너무 일상에 파묻혀 있다고 느껴질 때는 둘만의 데이트나 여행 가기, 두 사람의 성격에서 가장 연약한 부분을 찾아내어 서로 기도하고 극복할 수 있도록 격려하기 등등. 그런데 은혜야! 이 '신혼 1년 비상시국 프로젝트'는 선생님 부부만의 노하우가 아니었더라고. 하나님이 주신 기가 막힌 명령이 이미 있더라니까.

> 아내를 맞은 새신랑을 군대에 내보내서는 안 되고, 어떤 의무도 그에게 지워서는 안 된다. 그는 한 해 동안 자유롭게 집에 있으면서, 결혼한 아내를 기쁘게 해주어야 한다(신 24:5, 표준새번역).

얼마나 중요한 일이면 병역면제를 해 주겠니. 비상시국 1년! 동의할 수 있겠지?^^ 눈처럼 순결하고 아름다운 12월의 신부 은혜를 그려 본다. 연애 박사님은 이제 물러간다. 은혜는 누구보다 아름다운 결혼의 열매를 한 아름 거두며 천국의 가정을 맛보게 될 거야. 너의 결혼, 마음 다해 축하하고 축복한다.

오우~ 연애

초판 발행	2012년 6월 22일
지은이	정신실
발행인	이윤복
발행처	죠이선교회(등록 1980. 3. 8. 제5-75호)
홈페이지	www.joybooks.co.kr
주소	130-861 서울특별시 동대문구 제기동 274-6
전화	(출판사역부) 925-0451
	(죠이선교회 본부, 학원사역부, 해외선교부) 929-3652
	(전문사역부) 921-0691
팩스	(02)923-3016
인쇄소	영진문원
제본소	정문바인텍
판권소유	ⓒ죠이선교회
ISBN	978-89-421-0329-4 03230

책값은 뒤표지에 있습니다.
잘못된 도서는 교환하여 드립니다.
이 책의 내용을 허락 없이 옮겨 사용할 수 없습니다.